跟着乳房去 流浪

—— 我的病中日记 ——

崔玉松 作品

山西出版传媒集团　山西人民出版社

图书在版编目（CIP）数据

跟着乳房去流浪 / 崔玉松著 . — 太原：山西人民出版社，2020.10

ISBN 978-7-203-11513-7

Ⅰ.①跟… Ⅱ.①崔… Ⅲ.①日记—作品集—中国—当代 Ⅳ.① I267.5

中国版本图书馆 CIP 数据核字 (2020) 第 125574 号

跟着乳房去流浪

著　　者：崔玉松
责任编辑：郝文霞
复　　审：吕绘元
终　　审：秦继华
装帧设计：刘明彬

出　版　者：山西出版传媒集团·山西人民出版社
地　　址：太原市建设南路 21 号
邮　　编：030012
发行营销：0351-4922220　4955996　4956039　4922127（传真）
天猫官网：http://sxrmcbs.tmall.com　电话：0351-4922159
E - m a i l：sxskcb@163.com 发行部
　　　　　　sxskcb@126.com 总编室
网　　址：www.sxskcb.com

经　销　者：山西出版传媒集团·山西人民出版社
承　印　厂：三河市天润建兴印务有限公司

开　　本：880mm×1230mm　1/32
印　　张：10
字　　数：200 千字
印　　数：1—5000 册
版　　次：2020 年 10 月　第 1 版
印　　次：2020 年 10 月　第 1 次印刷
书　　号：ISBN 978-7-203-11513-7
定　　价：48.00 元

如有印装质量问题请与本社联系调换

序言：在病痛中磨砺坚强、达观的灵魂

// 杨晓升

用了一天多的时间，阅读完崔玉松这部20余万字的长篇散文集《跟着乳房去流浪——我的病中日记》，我禁不住被深深感染、也被深深打动了。不仅因为作者的特殊经历，还因为其质朴、细腻的文笔和病中自由飞翔的思绪。

现如今，癌症已经成为常见病，以文字记录自身患癌经历的文章或书籍，此前我不是没有读过。但以往读过的作品，重在实打实地讲述癌症带来的痛苦以及求医问药的艰辛，也有的是告诉你抗癌的历程和心得。崔玉松这部作品的不同之处，在于以近乎私密的日记方式，讲述身患癌症之后求医治病的经历与痛苦，同时又超越了这种经历与痛苦。从作品的气质上讲，这部作品兼具纪实文学的真和散文的美，真与美的完美结合，是这部作品的魅力所在。

首先，这部作品是纪实性的。作者原本与大多数人一样，过着平凡而幸福的生活，扮演着妻子、母亲、职业女性等美好的角色。癌症的突然降临，让她如遭横祸般受到重重一击，作者用手中的笔记录下癌症确诊之初的惶恐、害怕、不甘与不舍，以及由此而来的对生命，对亲情、友情、爱情以及对美好生活的深深眷恋。可贵的是，作者并未将笔墨停留于"卖惨"的层面，更没有被癌症所吓倒。她很快调整心态，勇敢地面对现实，积极配合医生进行治疗，而且随着时间的推移和病痛的磨砺，变得愈来愈坚强、达观。

作者说："我的性格里有一种不服输的特质。那么，在癌症面前，我当然也不会服输。"于是，她有了这样的感悟："病痛是让我们停下脚步，等一等自己的灵魂。过滤掉一些毫无意义的忙碌，看一看身旁的风景，享受亲人朋友的疼爱怜惜，让自己对生命多一些敬畏。"

经历了病痛，作者这样看待生命——

"夏花自有夏花的灿烂，秋叶也有秋叶的静美。每个人的人生各不相同，相同的是都有谢幕的时候。或早或晚，都无须悲戚。与其抱怨命运的不公，不如淡然处之，坦然面对。就让时光淡淡流去，就让生命顺其自然。

"星星死去的时候是美丽的，那么毅然决然地从夜空倏然划落。即使是死，都死得那么绚丽、鲜活。

"生活就像一棵树，你只看到一树繁花，却看不见树上长的疤。疤是树的痛，再痛也要开花。

"为了活命，疼又算得了什么？人只有活着才会疼，倘若死了就不会疼了。那么这痛感也应该好好珍惜。

"即使病了，我也是幸福的病人。疾病会在我朗朗的笑声中退却，我将永远朝着阳光前行，把阴影踩在脚底。

"我跟丈夫说，我不要过那种没有质量的日子。我要去各地旅游，到处走走。哪怕留给我的时间只有一年，我也要过我喜欢的日子。

"我常常对自己说，我要把一天当作两天来过，不让有限的人生留下遗憾。心态平和了，反而觉得生活中处处充满惊喜——丈夫变得善解人意，心思大部分花在我身上；女儿乖巧懂事，我的病丝毫没有影响她的学习。"

……

我相信，如果未曾经历过刻骨铭心的痛苦，作者断不可能阐发出上述这些发自肺腑、催人向上而又充满哲理的真知灼见。这些真知灼见，宛若血泪淘洗过的一串串珍珠，熠熠生辉、光彩夺目，让人不由得怦然心动。毫无疑问，这串珍贵的珍珠，来自作者真实的经历与刻骨铭心的情感体验，是真实赋予这部作品以巨大的力量。

然而，这部作品又不仅仅是真实经历的简单记录，它由真实的经历和情感生发开去，尽情放飞想象与梦想——

"如雪的杨花居然能飘到十几层高的楼上。我终于发现，再弱小的生命都是有力量的。

"人们说，爱花的人大都热爱生活，爱花的女人大都善感多思。于我而言，花不是点缀，而是神谕。花让我明白，生老病死也是自然的一部分，跟花开花落没什么区别，不过是大千世界固有的规律而已。那么，花朵是娇艳还是淡雅，是肥硕还是单薄，是生长在山里还是生长在城市，又有什么关系？重要的是，绽放过，灿烂过，无论是结了果，还是白开一场，都是生命的安排。

"我真的很爱这个世界，爱这些花花草草、虫鸣鸟叫，爱尘世间存在的一切生命。或许是病了以后，我才越来越珍惜这一切。多希望这场病只是在提醒我：生命短暂，好好去爱。

"忽然想找一座小城，远离所有的热热闹闹、纷纷扰扰，守一地绿荫，看朝花夕露，看绿影流萤，看四季繁花缀满绿藤，养身、养心。"

当然，作为普通女性，作者在艰难而又漫长的求医问药的过程中，也不免顾影自怜："连日的雨，将早开的桂花打落一地，点点鹅黄点点泪，满地黄花有谁惜？心里忽然有些伤感，雨水为什么在浇灌万物的同时，又要摧残这尘世间的美丽？"她进而想象："我把自己坐成一朵寂静的雪莲，晶莹的泪滴如雨后的露珠，一粒一粒，一粒一粒地向下渗透。"

跟着乳房去流浪

值得称道的是，作为散文作者，崔玉松是敏感而又多思的。她的心灵是丰盈的，情感是真挚的，思考是多元的。生命宝贵，人生苦短，抚今思昔，她将大量的情感与想象，寄托于对亲人、朋友的思念和对往事的回忆之中：生命与自然，亲情与友情，现实与梦想，人世间的冷与暖，身边的一草一木、一人一事、一点一滴，无不触发作者的眷恋与遐思，激发出她对人生的诸多感悟。这些遐思和感悟在作者笔下如流萤飞瀑般一一呈现，婀娜多姿，绚丽多彩，美轮美奂，令人神往。这是情感赋予这部作品的无穷魅力。

总而言之，阅读崔玉松的这部作品，对我来说是一次难得的意外收获。作者不仅以动人的笔触传递出独特、真切的人生体验，让我汲取了生命的力量，还以出众的文学才华让我获得了一次美好的阅读享受。从这个意义上讲，我应当感谢作者崔玉松女士和出版人李兴海先生。

2020 年 4 月 20 日于北京

杨晓升，男，广东省揭阳市人。现任《北京文学》月刊社社长兼执行主编，编审，曾荣获国家新闻出版总署颁发的"全国新闻出版行业领军人才"称号；中国作家协会会员、中国报告文学学会副会长。著有长篇报告文学《失独，中国家庭之痛》《只有一个孩子》等作品250余万字。长篇报告文学《只有一个孩子》曾获2004年"正泰杯"中国报告文学奖和第三届徐迟报告文学奖，《中国科技忧思录》荣获新中国六十周年全国优秀中短篇报告文学奖，《失独，中国家庭之痛》荣获首届浩然文学奖。中篇小说《龙头香》荣获第二届"禧福祥杯"《小说选刊》最受读者欢迎小说奖。

写在前面的话

// 崔玉松

于我而言，这不仅是一部作品，更是我的心灵独白。它真实地反映了我对生的渴望和对死的敬畏。

从怀疑到确诊，从确诊到手术，再到化疗、放疗、靶向治疗、内分泌治疗，这是一个漫长的过程，也是一个从恐惧、害怕，到正视、坚强的过程。

我总觉得，这是所有癌症患者都会经历的过程。他们说，不是的，很多癌症患者是被吓死的。或许是吧。我庆幸我是一只打不死的小强，我能够很快面对现实，积极配合医生进行科学的医治。虽然五年的内分泌治疗只过去了两年，我的心、肺、脾脏受到各种药物的破坏，于我而言，未来同样未知，但我决不会轻言放弃，更不会匍匐在命运脚下。

这是我一贯的做法，既然无法改变，不如勇敢面对。

不管怎么说，那段日子是我生命中最黑暗最忧伤的日子。回忆起来，就像一场梦，有些恍惚，极不真实。然而，失去的乳房，满身的伤疤，每天醒来后的胸闷心悸，都以一种残忍的方式告诉我，一切都是真的。我是一个乳腺癌患者，我失去了一个女人引以为豪的性别特征。我必须终生服药，与病魔奋战到底。

从确诊到害怕，从害怕到面对现实，我转变得很快。真的，从小到大，我都是一个适应能力很强的人，女儿也是。这让我备感欣慰。这场病，不但让我学会了珍惜，也让女儿迅速长大，遇事更加冷静，这或许就是古人所说的"失之东隅，收之桑榆"吧。祸兮福之所倚，福兮祸之所伏。万事万物，有坏的一面，就有好的一面。

在看病的过程中，我是怎么想到把这个过程记录下来的呢？最早是因为有记录的习惯。我16岁离开家外出求学、工作，很多话不知道跟谁说，就选择写日记，断断续续地坚持了10多年。也不是每天都记，只是有什么想法了，或者想家想父母想姊妹的时候，我就会静静地坐在灯下，随意写点什么。生病以后，我的第一个想法是，把看病的过程详细地记录下来，给同病相怜的人作个指导。我想，看了我日记的病友，就不会茫然无措，或者乱成一团了。他们会知道怎么找医生，怎么有选择地进行治疗，怎么进行自我调护。我想给他们提供一个参考。写着写着，我发现，日记成了我的精神支柱，在日记的陪伴下，在文字的疗愈下，我慢慢看开生死，变得豁达。

整理日记的过程，是一个和昨日之我重逢的过程。我不愿意回忆痛苦，不愿意一次次揭开伤疤，所以文稿整理得很慢。从签完合同到初稿出来，大概用了半年多时间。编辑大概早就恨铁不成钢了，又不忍心催，对经历过生死的人，善良的人们总是非常宽容。半年多的时光，我除了锻炼、吃饭、休息，就是旅游、做公益，闲暇时才慢慢着手整理书稿。从得病到现在，三年过去了，重读这些文字，我依然会泪流满面。我承认，在生与死面前，我终究是柔弱和感性的。

这些文字真实地记录了我的怯懦、无助、担忧和害怕，也记录了我的坚强，包括各种自我鼓励和心理暗示；却记录不了手术之后每牵扯一下那种钻心的疼痛和放疗、化疗之后的虚弱。文字和医生一样，面对人世间的诸多痛苦，往往无能为力——"偶尔治愈，常常帮助，总是安慰"。不过，文字终究是一剂良药，让我如凤凰涅槃般重生。

　　日记里，除了对病痛的叙述，还有对生命的感悟和对世间万物的感恩。也许是生病的缘故，我的心变得格外柔软。童年的村庄，小时候的玩伴，那些山山水水、花草树木、翩飞的蝴蝶、忙碌的蜜蜂……一次次牵动着我善感的心，让我对这个世界充满深深的眷恋。通过回忆和记录，我好像把前半辈子所经历的一切重新温习了一遍，我好像重活了一次。

　　木心说："生命是时时刻刻不知如何是好。"那段日子，面对"癌症"这两个冷冰冰的字眼，我常常不知如何是好。

　　2017年某月，到昆明做靶向治疗，丈夫带我去他同乡的家里玩。丈夫的同乡有个温柔贤淑的妻子，她热情地给我削水果、倒茶，心疼我，安慰我。几个月以后，同乡回来说，他的妻子已经不在了。她在绿化带步行道上行走，一辆失控的汽车冲上绿化带，步行道上的四个人一死三伤，死的正是他的妻子。生命的无常，总是让我们措手不及。而我是如此幸运，因为我还活着。对于活着的人来说，把每一天当作最后一天来活，不失为一种敬畏生命的活法。

　　我生病那年，女儿顺利地拿到英国曼彻斯特大学硕士入学通知书；在我和病魔战斗期间，她顺利地完成学业，考上博士。我创办的爱心协会，接替我完成资助贫困学生的义举，通过开展"一对一精准扶贫进校园"活动，为400多个贫困家庭的高中学生搭建起助学平台。

　　没有人愿意生病，但是当疾病猝不及防地来临，我们也得站直了，不能趴下。有时我会说，感谢这场病，让我明白：活着不易，唯有珍惜。珍惜春光明媚，珍惜秋叶纷飞；珍惜阳光灿烂，珍惜细雨缠绵；珍惜每天睁开眼就能看到蓝蓝的天。这场病，让我明白：爱，

跟着乳房去流浪

真真切切地存在于我的生命里。善良就像种子,一旦播撒,就会像格桑花,开得铺天盖地。活着,是一件美好而实在的事。

感谢这些文字,陪伴我走过一段黑暗的日子,让我生命的某些断面在字里行间"有据可查"。感谢山西人民出版社,出版我的病中日记,让更多的人明白活着的可贵与不易,懂得什么是向死而生,什么是人间值得……

目　录

序言：在病痛中磨砺坚强、达观的灵魂 ‖ 杨晓升　　001
写在前面的话 ‖ 崔玉松　　005
引　子　　001
2016年3月18日-2017年12月7日　　003-300
补　记　　301

引 子

  死生，天地之常理，畏者不可以苟免，贪者不可以苟得也。

——[宋]欧阳修

  不知道为什么，当我第一次从诊断医生的嘴里听见"乳腺癌"这三个字的时候，我心里飘过的第一个词不是死亡，而是流浪。

  流浪、流浪、流浪……

  为什么是流浪？我想，当我在外面治病的每一个喧嚣的白天都安静成夜晚的时候，当我大病初愈、死里逃生的时候，在我的心里，这个词依然是那么清晰——流浪、流浪、流浪……

  为什么是流浪？难道仅仅是因为乳房吗？是，又不是。如果仅仅是因为乳房的话，我考虑的应该只是生存和死亡。而"流浪"这个词，代表着我在面对死亡和恐惧时的那种心有不甘！

  为什么是流浪？是因为当我听到自己患上乳腺癌的时候，我只想把身体交给大地，像花、像草，或者像那些忙忙碌碌的虫蚁，生得静谧，死得随意。是因为我突然想起小时候我背着书包走过的那条洒满阳光、尘土飞扬的长长的土路。是因为一条潺潺的小河和被河边的阳光晒黑的小姑娘。是因为那座并不巍峨的山和一直让那个小姑娘感动不已的漫山遍野的花。是因为第一次独自背着行囊外出求学的懵懂幼稚和对外面世界的渴望。是因为想家的时候，跑到我工作的那个工厂外边的桥上对着飞驰的列车，想象着家的温暖和热闹。是因为一个个寂寥的雨夜听着雨打梧桐的孤独和无助。是因为春天的周末，带着孩子和狗爬上城西的山顶看麦浪翻滚、夕阳西下。是因为经过不懈的努力，一家人终于团聚，却发现生活并非如想象得那么容易，很多的付出其实没什么意义……

流浪、流浪、流浪……

在我看来，"流浪"这个词，从它最初冒出来的那一刻起，就像是一种隐喻。不仅预示着我在治病的过程中要不停地往返、奔波，更让我在与病魔抗争的漫漫长夜中感受到一束明亮的生存之光。正是这道光，让柔弱、怯懦的我勇敢地面对现实，坦然接受上天的安排。

我突然想起一个奇怪的语句——"死去的星辰"。星星死去的时候是美丽的，那么毅然决然地从夜空倏然划落。即使是死，都死得那么绚丽、鲜活。而人死去的时候是多么丑陋啊！这正是让我心有不甘的地方。我时常在想，一个人如果渴望像星星一样死去，就必须在活着的每一天，都满怀希望地去追寻璀璨的生命之光。

我死过，我看见了那道光，我一直在追寻它的踪迹……

所以，流浪、流浪、流浪……

2016年3月18日　星期五

其实，发现这病已经半年了。

一开始，是乳头上有一小块破溃，不痒不痛，没有不舒服的感觉，所以就忽视了。

昨天，所有的人都建议我去看看医生。

2016年3月21日　星期一

我决定去看医生了。也不是因为病、因为痛，而是因为自己的担心吧。

今天，早早起床赶到肿瘤医院——当然是省城的肿瘤医院，在我们那个小地方，癌症还没有被分得那么细。不知道为什么，从进医院的那一刻起，我就控制不住自己，眼泪怎么也忍不住，流了出来。我不是怕，也许，这时候的泪是对我未来这段日子的百感交集吧……

我想起了父亲和父亲的死。

父亲走的那个早晨，没有一点预兆。我同往常一样把锅放在火上，加上水，拿出五个鸡蛋和一只小碗，把鸡蛋一个个轮番在碗边磕一下，轻轻掰开蛋壳，让整只鸡蛋完整地躺在碗里，然后，小心地把鸡蛋倒进锅里，把火调成小火。为防止粘锅，拿出锅铲轻轻抄一下锅底，再用小勺小心捞去水面上的沫子。水慢慢翻滚开来，蛋清随着翻滚的水慢慢变成白色，完完整整包裹着蛋黄。两分钟左右，我在碗里加上白糖，将煮好的鸡蛋一个个舀出来。可是，不知道是因为鸡蛋不太新鲜，还是下锅的时候水过于滚烫，有一个鸡蛋居然散了，蛋黄散在碗里，看上去十分别扭。我硬着头皮把鸡蛋端到父亲面前，看着他把四个鸡蛋一一吞了下去，散的那个没有动。我想，

2016年3月21日　星期一

明天我一定要把五个鸡蛋都煮得完完整整，一定不会再煮成今天这种模样。

那一年，父亲查出喉癌，听从医生的建议，我们选择了放疗。放疗以后，喉咙受到严重烧伤，白细胞迅速降低，嗓子时时处于高热状况，稍不注意，就会肿得连一口水都难以下咽。为了给父亲补充营养，而且方便吞咽，我们每天早上都给他煮糖水鸡蛋。

吃过鸡蛋，我和妈妈陪着他到医院输液。输液的时候，他还比画着对我说，让你妈回去睡觉。液体输了一半，父亲忽然喘不过气来，他艰难地说了一声，吸氧！我急忙请医生接上氧气，依然没有一点转机。医生们连忙组织抢救，又是吸痰，又是人工呼吸，可父亲还是永远地离开了我们，在哥哥、嫂子和我的看护下慢慢死去，眼里还含着笑……

所以，医院在我的眼里，就是一个生离死别的地方。

病人真多，挂哪个科都不知道，只好打电话托人打听。挂号、买病历本、分号、排队、找人……乳腺科的A医生一看就说，应该是派杰氏乳腺癌。我没听懂，又问了一遍。他说，派杰氏乳腺癌，不过，还要做病检确诊。

做病检就必须取活体，取活体就必须住院，门诊是没法做病检的。他开了住院证明，我们到住院部办手续。

从门诊出来，我的头晕乎乎的，根本不知道去哪里办这些事。问护士，她说才来，不知道。又问了好几个人，才找了过去。又是排队、交医保卡、交住院费，去住院部15楼乳腺科办理住院手续。

电梯总共有六部，两部专用，四部上上下下。很挤，就这样我们还等了10多分钟，才到了15楼。

在护士站交住院单，排队、登记、办住院手续。丈夫说，不给我们安排床位吗？护士头也不抬地说，哪儿还有床位？50多张床，需要住院的已经有150多个病人了。只有做手术前一两天才能住进来。

戴上住院手环，来到一台电脑前，又是排队等候。在这里要详细登记个人信息。轮到我了，问年龄、婚史、生育情况、有无家族肿瘤史等等，对面那个医生"啪啪啪"在电脑上开出一系列检查单。我忙和丈夫分头排队预约：抽血，22号上午7：30。拍X光，22号下午3点。做心电图，23号上午10点。做心动图，23号下午2：30。做全身B超，24号下午3：00–4：00。做核磁共振，27号下午3点……

预约完所有项目，已经是中午12点多了。我们就在医院附近找了个地方住了下来，随便吃了点东西，躺下休息。

忽然觉得很累，看病很费劲，住院太麻烦，所以很多病总是能拖就拖。就像我，拖了这么长时间。

2016年3月22日　星期二

7：40左右赶到医院抽血。

等待抽血的人已经排起长队。其实，验血已经不算人多了，各个科的住院病人在科里抽，相比于其他检查，已经很轻松了。

排着队，实在无聊，就盯着那些病人看。好几个一看就是常客，头发也没有了，光着头，戴着个奇怪的帽子，看上去精神还行，不像想象中的那些癌症患者，病恹恹的。

轮到前面那个50多岁的女人了，她的血很难抽。我坐到另一个护士面前的时候，她才抽了一管。我的血好抽得很，一针扎下去，血就"突突突"从管子往计量瓶里淌，一会儿就淌够了九管血。我心里有点得意，一看我就很健康嘛，哪有一点病人的样子。

下午拍X光片，人同样多，机房门口的凳子上坐满了人。我跑到离机房不远的地方坐着，竖起耳朵听是否有人叫我的名字，生怕错过了又得重新排队。屁股就像坐在火上一样，根本坐不稳，一看到医生开门就跑过去看。

从检查室出来，看着那些因化疗掉光头发、戴着帽子、佝偻着身子走路的病人，觉得自己一点也不像他们。我穿着高跟鞋，"咚咚咚咚"地穿梭于医院的各个检查室之间，就等着这些冰冷的机器告诉我：你没事，快回家去吧。

跟着乳房去流浪

2016年3月23日　星期三

天忽然冷了起来，二十多度的气温一下子降到五六度。

今天到医院做心电图检查。

等待的时间总是很长，检查的时间总是很短。做完心电图，已经是中午12点多了，随便吃了点东西，我想去医院后面的小商店看看，买件衣服御寒。丈夫说，那种衣服怎么能穿？走，我带你买件好一点的。我有点小感动，笑着说，是不是怕我以后没机会穿了？他瞪了我一眼，说，不要乱讲。

今天逛得有点快，在一家商店的三楼看中一件枣红色的大衣，3000多元，左说右说，服务员拿她朋友的卡给我们打了折，就买下了。

40多年来，总是舍不得为自己慷慨一次。每次出门，买得最多的，不是女儿的就是丈夫的，甚至不会忘记给姐妹、朋友买东西。自己喜欢的，总是看了又看，想了又想。总是拿起又放下，舍不得。

今天没有一丝犹豫，除了丈夫的鼓励，或许跟这次生病有关。

人只有在特定的时刻才会对自己慷慨吧。生活就像一棵树，你只看到一树繁花，却看不见树上长的疤。疤是树的痛，再痛也要开花。开门七件事，柴米油盐酱醋茶，偏偏要在茶前插朵花。吃饱穿暖以后，必须要滋养灵魂，让精神得到提升。否则一个一个的疤，不但

2016年3月23日 星期三

让你痛不欲生,还会让你叶落枝毁,再也无法盛开。
　　就算生活让我疼让我痛,疼过痛过之后,我还要继续开花。

2016年3月24日　星期四

今天下午要去做B超。我预约的时间是下午3：00-4：00，按照医生的要求，午饭不能吃，10点以前只能喝稀饭、吃水果。

下午2：30左右，我空着肚子赶到医院，B超室前还得交上单子等着叫号。人很多，超出前几天所有检查等待的时间。4点多了，我挤到预约台前，一直说不上话。负责叫号的是一个年轻的女子，又瘦又高，眼睛细长，扎着马尾辫，身上的白大褂有些宽大。

一个60多岁的大妈挤过去，问，医生，可以让我先做吗？我5点还有一个检查。说了几遍，马尾辫才说，不会耽误的，你过去等着吧。跟我说也不起作用，那么多人，我怎么可能让你先做。

我一直站在那里，没有说话，盯着她手上的单子。等看到预约4点的人排到了，才跟她说，医生，我预约的时间是3：00-4：00。为什么4点的都安排了，我的还没有安排？她说，你叫什么名字？我说，崔玉松。她从电脑上调出我的资料来看了看，说，你去二号B超室，他们把我的单子弄乱了。

我忙跑到二号B超室，还有四个人等着。我遇到了前两天和我一起排队的一个患者，她的单子已经送进去了。我请她帮我拿着检验单，我得出去找水喝。一直不敢喝水，怕憋不住。在二号B超室门口等了不到半小时，就轮到我了。我赶紧进去，躺在床上。

2016年3月24日 星期四

　　医生检查得很仔细，一边检查一边给旁边的实习生和助手讲解着。右乳好像没怎么说，左乳却看得非常仔细。她说，左乳有多个异常结节，边界不清楚，分布不均匀。问我，你自己没发现吗？我说没发现。她说你这个应该摸得着了，不疼吗？我说不疼呀。她说，这种情况太容易被忽略，如果你的乳头不出问题你大概不会来看。我说，是。我又说，我一直身体很好，尤其这几年，感冒都很少。她说，最怕这种情况了。

　　我知道肯定有问题了，就问，我这个是不是恶性的？她说，还没有检查清楚，不能乱说。她又在屏幕上看了好一阵，好像还是不确定。她建议我做造影，说，排队不知道又要排到哪天，不如你等着，等到下班，今天安排的检查做完，我给你加一个号。

　　做造影除了打针，其他跟做B超一样，只是进针水的时候，医生和助手要同时开始。我听她们喊一二三，估计在统一步调。接着，用探头使劲压在有肿块的地方，来回探，好像还是看不出什么。又请来好几个医生会诊。其中一个医生说，做个穿刺吧，穿刺一下就知道结果了。转头看看电脑屏幕，又说，不行，太小了，穿刺都穿不着，怕是得切出来看。

　　出了B超室，我听见他们还在里面讨论。我觉得，如果一看就清楚，肯定是恶性的，他们就不会研究来研究去了。既然医生都要考虑半天，那说明没什么大问题。

　　这几天，樱花盛开，昆明城里到处都看得见。真正感受到樱花的美，是去年。丈夫兴冲冲地对我说，贵州平坝的万亩樱花开了，周末我带你去看花。

　　平坝离曲靖300多公里，我们很早就出发了。到达平坝，正是太阳最火辣的时候。

　　据说樱花的生命很短暂，我们去的时候，满园的樱花已经开到

跟着乳房去流浪

后期，叶子已经从叶芽里长了出来。好在樱花并没有全部凋谢，粉白色的花瓣被风一吹，飘飘洒洒地朝地上、沟渠飘去，我仿佛听到了花瓣凋落的声音。

穿行树间，徘徊树下，不经意间，全身沾满了花瓣，就像下了一场无声的花瓣雨。

这样的美是铺天盖地的……

2016年3月25日　星期五

一大早赶到住院部，没看到我的主治医生 A。等了一会儿，还是不见他的身影。只好给他打电话，他说，他在开会，让我找 B 医生，他交代过，B 医生会给我做切片。我又找到 B 医生，她问了问情况，开好手术单子，让我签字后到换药室门口等。

门口等着五六个病人，里面有病人在换药。我坐在那儿，看着那些病人，憔悴瘦弱，心情却不是很差，站在那里叽里呱啦交流经验。一个50多岁的女人说，医生说要加强运动，我没有办法，只好用左手拖地。她一边说一边用左手比画着。另一个稍微年轻一点的女人说，做了手术，就开始化疗，头都没法洗，怎么办？其他几个忙说，不能洗，忍忍吧。又有人说，忍不住就去美发厅洗，洗完后赶紧吹干。大家都没有说出什么好办法，还是她自己说，算了，我准备去把头发剃光。

看她们聊得起劲，一点都不难过，我忍不住插话说，你们心态真好！50多岁的那个说，在肿瘤医院住的时间长了，你就知道，得乳腺癌已经算幸运的了，别的科的病人都羡慕我们。我们只要好好遵照医生的方案治疗，一般都能活下来。其他几个也跟着附和道，乳腺癌可以治好的，大不了切掉。

取病理切片是小手术，切的时候不疼，打了麻药。倒是打麻药的时候疼，针头刺进乳房，钻心地疼，从乳头往整个胸部扩散，我咬着牙忍着。我知道，这才刚刚开始，如果连这点疼痛都忍不了，以后的治疗怎么办？B医生说，多切点，如果没问题就不用再切了。血流了我一身，流到我的后背。不过，没有疼痛的感觉，只觉得血冰凉冰凉地黏在背上。我听到B医生叫她的助手："快拿纱布帮她擦一下。"

很快，手术结束了。B医生叫她的助手把切下来的活体装进袋子里，B医生说，你自己送一下，送到病检室。

下午3∶30左右，医院打来电话，要我去做核磁共振。在机房外面，我碰到一个刚做完检查出来的病人，她说已经做过两次手术，起初发现溢乳，就赶紧来看。医生说是导管有问题，做手术把导管堵起来。回家三个月就发现乳房上有指尖那么大的包块，不疼不痒。一年后感觉包块在长大，就到州里的医院检查。医生说，没问题，是良性的，定期复查。后来每次检查都说没事。三年以后包块已经长到鸡蛋那么大，才来肿瘤医院看。医生一看就说，赶紧化疗后做手术。如今做完手术已经三年了，感觉还好，这次是来复查的。她唠唠叨叨地跟我说的这些，我都不在意。我记住了她后面说的那段话。她说，得了这种病，就永远是肿瘤医院的人了。手术后三年内，三个月复查一次。三年以后，半年复查一次。五年以后，一年复查一次。总之，终生都得往医院跑。我问，花了多少钱了？她说，光医药费就花了十六七万了，幸好参加了合作医疗，报销了一部分，民政部门也给过大病救助补贴。

她问了问我的情况，说，你别担心，这个病只要治得早，没有问题的。你看里面那个，手术后已经八年了，还活得好好的。

进了机房，我按照医生的要求趴在床上，耳朵里塞上棉花，缓缓进入机器。机器的声音异常刺耳，一会儿是"咚咚咚咚"的声音，

2016年3月25日　星期五

　　就像暴脾气的人在使劲敲门；一会儿是"嘎吱嘎吱"的声音，就像有人用锯子在锯铁皮；一会儿是"嗡嗡嗡嗡"的声音，就像千百只野蜂向你袭来；一会儿是"咣当咣当"的声音，就像火车在碾压你的身体。

　　回到宾馆，我一点胃口都没有。说真的，我有一种如释重负的感觉，总觉得自己是个健康的人，不会有太大问题。

　　所有的项目都检查完了，我连忙收拾东西，连夜从省城赶回家中。

　　回家的感觉真好，我终于可以安安稳稳地睡上一觉了。

　　忽然想找一座小城，远离所有的热热闹闹、纷纷扰扰，守一地绿荫，看朝花夕露，看绿影流萤，看四季繁花缀满绿藤，养身、养心。让习习凉风吹散一世热忱，让丝丝小雨涤尽满目埃尘，让温暖的阳光赶走心中的烦闷。古人曰："定生慧。"心静，才能淡定地面对不可知的未来，才能踏实地做好每一件想做的事情。

　　想想而已。生活原本就不能随心所欲。工作是生存之本，梦想一闪而过，梦过之后继续上班、干活，一天天老去。等牙掉了，吃不了想吃的食物；腿疼了，走不动想走的路；眼花了，看不清想看的美景……等自己成为他人的负担，再没有任何价值，无可奈何地守在家里，曾经的梦依然是梦。

2016年3月26日　星期六

下午两点多，丈夫打来电话，说有个朋友得到消息，北京协和医院乳腺科的专家来曲靖了，让我带着CT片子过去请他们看看。

按照指定地点赶过去，三个"专家"坐在茶桌旁。我把片子递上去，其中一个拿出来看了看说，看不出有什么问题啊。你看看。他把片子递给另一个医生。那个医生看了看，没说什么。先说话的那个医生帮我把了把脉，让我伸出舌头给他看看。说，你的舌苔正常，牙龈颜色很好，根本不像癌症体质。不信你等检查结果出来看吧，肯定一切正常。肿瘤医院怎么说？我说，他们怀疑是派杰氏乳腺癌。

这几个"专家"好像不太熟悉这个名称，没说什么。话题一转，以略带嘲讽的语气说，这些基层医生怎么这么笨，只要是乳腺上的毛病就一割了之。又说，这些医生真不负责任，好多病人不是病死的，而是被他们医死的。

后来，他们加了我的微信，让我等检查结果出来，马上给他们发微信。说，如果需要，就去北京，他们会帮我联系医院的。坐了一会儿，又来了几个病人，为了不影响别人看病，我告辞回家。

这几个"专家"不知道派杰氏乳腺癌这个病，我有点不敢相信他们。但他们的话还是点燃了我的希望。我一直在想，不是什么大病，乳头溃破大概只是皮肤上的一点小问题而已。

2016年3月26日　星期六

想起在云南省肿瘤医院检查的时候，母亲打过两次电话，非常着急，我想过去给她看看，让她放心。

听了北京来的那几位"专家"的话，我的高兴和轻松是发自内心的。我告诉母亲，只是还有点不放心，再去检查一下。我想母亲也不会再有什么怀疑了。

2016年3月30日　星期三

这天早上，我帮扶的那个高三女孩打来电话。她妈妈死了。

她妈妈患的也是乳腺癌，从发现到死去仅一年半左右的时间。听到这个消息，我很伤感。如果是在半个月前，我可能还不会这么难受。可是现在，我听不得"乳腺癌"三个字。

虽然我还有一丝侥幸，静下心来，我明白我的侥幸只是自欺欺人，乳头一直有血性溢液就是一个不好的预兆。好在这几天看到太多的乳腺癌病人，知道还有希望，心里稍微轻松一些。

十六岁的高三女孩，高考迫在眉睫，忽然失去了妈妈，这样的打击，不知道这个孩子能否承受得了。我决定以后要更好地待她，至少让她有个说话谈心的地方。

我不忍心告诉她，我得的可能也是她妈妈这种病。我想，她听到这个消息，一定很难受。

明天是去医院拿检查结果的日子，我已经不敢心存侥幸。

我们那天聊了很多，吃完晚饭，送走女孩，我独自走在回家的路上。夜，黑得什么也看不见，似乎要把我吞没。只听得到我沉闷的呼吸声，沉闷得像一扇沉重的门。

突然，天际发出一丝柔弱的光亮，一颗星挂在天边。我的心晃了一下，忍不住朝着星光所在的地方走。可是，还没走几步，那缕

2016年3月30日　星期三

光却忽然不见了，心底不禁涌起了一丝哀怨，淡淡的。

　　我往回走，它忽然又出现在天际，闪闪烁烁，我忍不住又一次朝它走去……

　　这是怎样一种心情啊，那缕光，到底是我的，还是别人的？它会指引我一直走下去吗？

MRI会诊报告单

影像号：1437714

姓　名：崔玉松　　性别：女　　年龄：46岁　　检查设备：Siemens Avanto 1.5T

门诊号：　　住院号：ZY010001190413　床　号：145　申请科室：乳腺外二科住院　临床诊断：左乳头破溃性质待

检查方法

平扫(1)部位：双乳腺；功能成像：扩散加权成像；

增强(1)部位：双乳腺；对比剂：钆双胺20ml

影像所见

　　双乳见混杂纤维腺体不均匀分布于乳内。左乳3点钟方向见不规则等T1稍长T2信号肿块，边缘模糊，见长短不一毛刺，大小约1.8cm×1.3cm×1.6cm，扩散加权成像呈不均匀高信号，ADC值最低处约0.907×10E-3mm2/s，动态增强扫描不均匀显著强化，测量时间-信号强度曲线呈快速流入-平台型。左乳头增大，增强后明显强化。余双乳腺体信号不均，增强后见多发斑点状、结节状强化较明显区域。右侧乳头、双侧乳晕、乳后间隙及左乳皮肤、皮下脂肪层未见异常。扫描范围内左腋下淋巴结增大，最大短径约0.8cm，增强后明显强化，右腋下未见确切肿大淋巴结。

2016年3月31日　星期四

　　早早起来，赶去省城医院。

　　B医生一见到我，就说，A医生交代过了，今天就给你做手术。我惊呆了，问，检查结果呢？B医生说，电子版的传过来了，纸质的还拿不到。我又问，结果怎么样？B医生说，恶性的，不然怎么会叫你做手术？我又问了一句，B医生不高兴了，说，你听不懂我的话吗？告诉你，恶性的。

　　我觉得医生的这个论断来得也太快了，快得让我连"晴天霹雳"这四个字的含义都来不及体会一下。我说，我不做。过完清明再说吧。她说，随便你，你都拖得起，我们还怕什么？

　　吃过午饭，丈夫打了很多电话，求了不少人，总算把大部分检查结果复印了一份回来。又托人介绍，找了很多专家看了我的检查结果，他们都建议我尽快做手术。

　　没法保住乳房了。

　　回到家已经是晚上10点多了。很奇怪，对于这个结果，我反而不太难接受。或许是这些天看到的病人太多，已经有了一定的心理准备。

　　只是不知道为什么，即使要做手术，我也不愿意在这家医院做。北京，我们家所有的人和所有的朋友都说，到北京看看。

2016年4月2日　星期六

　　冒着大雨回了趟故乡，故乡却不是我记忆中的故乡，我连回家的路都找不着了。一路走一路问，多次走错多次掉头，忽然发现似曾相识的景象，一下子兴奋得不知如何是好，以为找到了记忆中的圣地。学校和村庄已经连在一起，就连原来那块大大的操场都已经成了庄稼地，四周的房子全都是钢筋水泥建造的。大门开在左边，不再像以前那样靠山而居。很明显，城市吞噬乡村，而我眼前的这个村子正在吞噬学校。

　　我记忆中那一片宽阔的大海坝已经消失，海坝中间那一条清澈的小河也没有了影子。我打听了一下，前几年的干旱让海坝里没有一滴水，于是被改造为田地，种满庄稼，这条流淌着我童年欢乐的小河从此消失。

　　我总想把手里的事情处理利索，这样才好安安心心出门看病。

　　我总想在出门之前，再看一眼故乡……

2016年4月3日　星期日

　　我打算带着那个高三女孩到公园走走，找个没人的地方让她哭哭，散散心。

　　这个孩子坚强得让我心疼，她在我面前依然笑着，除了脸上有一丝憔悴，看不出是刚刚失去了妈妈的人，让我不得不佩服。都说穷人的孩子早当家，这样的磨难一定可以让她更加懂事、更加自立的。

　　我们找了个石凳坐下来，我没有跟她讲什么大道理，我知道这孩子心里什么都明白，只是要让她真正从失去亲人的悲痛中走出来并不容易。我跟她说，你没有时间难受了。她说，我知道。

　　我们就这样一直聊，聊着聊着，还是情不自禁地聊到她妈妈身上，聊到两年前，我带着她们娘儿俩去看花的情景。眼泪顺着她的眼角无声地流了下来，我搂住她的肩膀，她挣了挣，撑了撑，马上又妥协了，终于将身体软软地依靠着我，任眼泪哗哗地流淌。

　　我又想起了父亲。

　　送走父亲的那些天，我的头一直疼得厉害，晕晕乎乎睡着的时候，常常做梦。梦见在给父亲煮鸡蛋，但我依然无法煮出完美的荷包蛋。那个煮散的鸡蛋成了我的一块心病。独自一人，不用咽泪装欢的时候，我就会情不自禁地流下懊恼的眼泪。我懊恼没能让父

2016年4月3日　星期日

亲在离世之前，好好吃上完整的五个鸡蛋。他明明可以吃下五个鸡蛋的，因为我的缘故，只吃了四个，那可是他人生中最后五个鸡蛋啊！

在梦里，父亲伤感地对我说：这个家拖累你了。醒来的时候，我已是泪流满面。父亲把他的死看作是对责任的放弃，或者说是将属于他的责任予以转嫁。他放不下体弱的妻子，放不下顽劣的小儿子，放不下怯懦的大儿子。他知道，他是蒜头中间的那根秆，把家里的每个人都聚拢在一起。他走后，这根秆不能倒，他希望我像他一样，把这个家经营好。我时常感到，父亲的眼睛在看着我，看着家里的每一个人。

有一个周末，我早早起床，到厨房煮鸡蛋。丈夫起来后，很高兴，端起来吃得一干二净。后来，慢慢地时间长了，他也吃得厌倦了，可我依然不声不响地坚持每天煮几个鸡蛋。我终于可以把鸡蛋煮得完完整整、鲜嫩可口、圆润光滑，可是，我的父亲，那个只能吃下鸡蛋的人已经走了……

想着家里那一碗无人问津的鸡蛋，我同身旁这个高三女孩一样，任眼泪哗哗地流淌。我想，就算我能把鸡蛋煮得很好也没意义了！

忽然有些心疼。后天，是我离开家去北京的日子，我得好好和我的肿瘤战斗去了。想到要把这个高三女孩孤零零地丢下，我有些不忍。只好骗她说，我得去北京学习，大概一个月的时间，让她照顾好自己。

我开车把她送到家门口。她太累了，能少走几步就少走几步吧。这孩子忽然让我无比牵挂，我真的希望我能好好地、健健康康地回来，关心她，陪伴她。

跟着乳房去流浪

2016年4月4日　星期一

今天是婆婆的生日，丈夫想让我回去，可我不愿意面对亲戚们那探寻的目光和关切的问候，我只能怀着歉意委婉地拒绝了。

我开始收拾东西，准备去外地的衣服和日常用品。

中午，弟弟焖了一锅豆焖饭，他说等我回来，恐怕就吃不到本地新鲜的蚕豆了。

下午出去洗了一个头。由于乳头上的疤没有长好，不敢让水淋着，所以只能去美发厅洗头。帮我洗头的是一个叫小王的美发师，原本他已经成为师傅，不再做洗头的活儿了。由于我每次来，都愿意跟他聊聊家常，所以只要手头没有活儿，他总会主动帮我洗。

洗头的时候，他告诉我，他有女朋友了。女方家要求他做上门女婿，他一直在犹豫。我劝他："何必在意这些！只要日子过得好，只要女朋友真心对你好，上门就上门，入赘就入赘，反正你父母都已去世了。跟女朋友商量一下，第二个孩子跟你的姓就行了。"他说，他不敢提这个要求，怕她爸爸不高兴。我说，那就别提，以后再说。我问他，小姑娘对你好吗？你喜欢她吗？他说，很好，很喜欢。我说，那就好。靠你挣的这点钱，不知道什么时候才能买得起房。只要她家人对你好就行了，不要在乎那些世俗的东西，能遇到一个自己喜欢的人，比什么都重要。

2016年4月4日　星期一

　　走出理发店的时候,我发现我心里又轻松了一截。这个读书只读到三年级的男孩,原来也是我的牵挂之一。看到他能有个好的结果,我好像松了口气。我忽然想起海子的诗:

　　　　陌生人,我也为你祝福,
　　　　愿你有个灿烂的前程,
　　　　愿你有情人终成眷属,
　　　　愿你在尘世获得幸福……

　　我多么希望所有的人都能幸福。

2016年4月5日　星期二

今天去北京。

从早到晚，我的心里一直回响着一首歌，一个男人用沙哑而沧桑的声音在唱：北京，北京……

飞机起飞的时候，我突然看见有一粒种子从我写的一篇叫《一粒种子》的文章中飞了起来。那是一颗类似蒲公英的小东西，一天傍晚，在我下班的路上，它不期然地从车窗外飘了进来，在方向盘前摇曳翻滚。我发现它的时候，不胜欣喜。如同干涸的心灵遇到了清凉的泉水。我相信，这是上帝给我的礼物，是老天对我的眷顾。我伸出手想抓住它，它顽皮地向后躲闪，不愿在我手中停留。我抓住它长长的绒毛，这个小家伙简单得让我一眼就能看清它全部的结构——中间一个小小的核，小得就像一个句号，全身长满长长的绒毛，一根根清晰可见。

绿灯亮起的时候，我把它放回车前，关上车窗，启动车子。它乖乖地站在前面，仿佛听话的孩子知道车开动时会很危险。我开着车，心被这个毛茸茸的小家伙融化了，愉悦而温暖。

这是一粒种子。

我不知道它从哪里来，要到哪里去，但我知道，它远离父母家园，跟随风的身影，躲过牛羊的蹄子，逃出鸟儿的喙，只想找一块

土地，静静地在那里生根、发芽、开花、结果……

我不知道它跑到这车流如织、熙熙攘攘的城市，是不是迷了路，迷失了自己。我将它锁在车里，是因为我担心它跑到无法生根的大街上、马路边，坚硬的水泥如何能让它的生命延续？我害怕它在城里跑来跑去，错过了发芽时节。

一直以来，我相信每一朵花、每一粒种子都有生命。如果是果核，是种子，我一定会找一个有土的地方扔下去。我相信如果机缘巧合，有阳光、有泥土、有雨露，一个果核、一粒种子会变成参天大树，会长成美丽的花或者翠绿的草。

我家花盆里那棵石榴树就是我吃石榴的时候把籽随手丢进去的，原本也没有什么奢望，只是我的一个习惯而已。没想到它没有让我失望，居然长出了一棵小小的苗。当我确认是一棵石榴树时，除了惊喜还是惊喜。在这个城市，我没法给石榴树一个适宜生长的家，我只能将它移到大一点的花盆里。它已经长到快一米高了，每次看着它，我就特别欣慰。我感叹一粒种子的艰辛，更庆幸自己能够见证它从一粒种子变成一棵大树的美妙过程。

常常在想，再过两年，当它硕果累累，我会有怎样一种难以言喻的欣喜。这个年代，还有多少人可以拥有一棵树？尤其是一棵看着它从种子到发芽、到慢慢长大、到结出果实的大树？我想，那种感觉无异于孕育了一个新的生命……

飞机结结实实地降落在首都机场的跑道上的时候,那种轮胎与跑道猛烈撞击的感觉,似乎让我看见了随我而来的那粒不知名的种子,它一定会结结实实地扎进土地,生根发芽。

2016年4月6日　星期三

今天很早就起床了,早点也不敢吃。我们要赶到中国治疗肿瘤最权威的医院。宾馆是女儿帮我们订的,离医院很近。我们早早地过去,准备挂早号。

刚走进医院的大门,我就惊呆了,天哪,那么多人。

医院的保安都穿着一身黑色的特警服。无论哪一个人多的地方,都有他们在维持秩序。要不是他们臂章上写着"特勤"两个字,我真怀疑自己走错了地方。

挂号、买就诊卡、建档案,在朋友的指点下,我们到特需门诊找医生。

医生看了一下我在昆明的检查结果,给我开了住院证明,又写明住院流程。等办完所有手续,交住院费的时候,卡住了,说没床位了,没法办。又回到缴费的窗口,依然说没床位。我问窗口里的人怎么办,她让我去找给我看病的医生。

医生办公室门口病人太多,如果没叫到号,会被保安用手拦在外边,门都进不去。

就这样来来回回跑了好几趟,终于交了费。回到住院部,护士收了单子,让我们明天过来看看有没有床位。

从医院出来,门口到处是小摊小贩。有卖煎饼果子的,有卖红薯、玉米的、还有摆地摊治肿瘤的、卖药的、卖草帽玩具的……更多的是租房子给病人住的，当地人称为"二房东"。

我问了一个出租房子的胖女人，她很活络，带我们去看房子。肿瘤的治疗是一场持久战，为了能打败这些在我身体里突然冒出来的"敌人"，我必须做好长期战斗的准备。我不能长住在宾馆，我得找个地方，可以做饭，可以自己照顾自己，价格还不至于太贵。

走了十来分钟，胖房东带我们走进一个小区。刚走进楼道，就闻到一股劣质建材的味道，是板材、强化地板、油漆等混合而成的味道。每月房租60元–100元一间的房子里，住着一对父子，父亲在输着液，儿子在公用厨房做饭。

丈夫不愿逗留，带着我走了出来。

我们决定去看套两室一厅的房子，220元一个月。电梯上行的时候发出"嘎吱嘎吱"的声音，感觉马上就要掉下去了。出了电梯，拐了好几个弯才到。一看，房间还行，就是床板太硬，看上去也不干净，同样能闻到那种莫名的怪味。丈夫还是不愿意我住那种房子。随便吃了点东西回到宾馆，丈夫说带我去逛逛，看看故宫、王府井什么的。可是我根本没有闲逛的心情，只想赶紧做完手术，早点回家。

2016年4月7日　星期四

病房门口,保安拦着不让进。正不知怎么办好,接到了C医生的电话,让我赶紧进去,他要给我开检查单。

见到C医生,他问了一下情况,就让他的团队给我开。

终于有了床位,3床。趁护士带我们熟悉环境的时候,我悄悄进去看了一眼,3床还有人住着。问了一下,果真今天出院,心终于落地了。半个多月的看病经历,让我习惯了医院的一切,人也磨乖了,反而盼望能够尽快有个结果,要切就切,要化疗就化疗,早点结束就好。

检查,检查,还是检查。

预约B超、X光、心电图的检查以及抽血等等。还算顺利,一天之内全部结束。闲下来想起这个C医生,忽然有些好感,感觉性情、态度都很好,心里暗暗庆幸,能遇到一个好大夫是病人的福气。

从住院部出来的时候,我听到了喜鹊"喳喳喳"的叫声,在北京的二环听得到这样的叫声,心情一下子好了起来。楼下的玉兰花开得正艳,紫的、白的,相互映衬。我忽然觉得这个世界是那么美,那么让我留恋和感动。我一定要好好活着,好好爱这个世界。

2016年4月8日　星期五

　　早早起来，提着住院用品想偷偷溜回病房，到病房的时候不到7：30，但是"偷偷"是不可能的，住院部门口的保安早就上班了，看到我手上戴着手环才让我进了大楼。

　　到九楼乳外科，又有一位"特勤"挡住不让进，连戴着手环的我都不让进。只好求助护士，同意后才放我一个人进来，丈夫被挡在门外。护士一脸的不高兴，又强调了一遍纪律，我不敢回嘴，连申辩都不敢，乖乖回到病房，换上宽大的病号服。一看，我其实蛮苗条的，心里不禁得意了几分钟。

　　C大夫查完房，我问他，从云南拿来的活检切片怎么办？他没说什么，只是问我，你老家通航班了？我说没有，需要从昆明飞过来。他回头冲其他医生笑笑，说，昨天才说要切片，今天就送来了。我等医生查完房，又跑到医生办公室问C大夫团队的小王医生，他说得送到特需门诊请医生做病理分析。

　　丈夫终于有借口进病房了，他去送切片的时候，我正觉得无聊，忽然听到护士站前有人在嚷嚷，我终于没忍住，于是跑出去看热闹。一个已经出院的女人，个子不高，穿着一身藏青色的运动服，戴着帽子，对一个戴眼镜、个子瘦小的医生在嚷。我听到她说，根本就没把她淋巴上的肿瘤扫干净。她很生气，说，还医生呢，拿着一份

2016年4月8日 星期五

工资，还要收红包；收了红包吧，还不好好帮人做。她又冲C大夫说，C医生，你给我看看。C大夫说，好的好的，有些话就别说了，你过来我帮你看。

热闹看不成了，我回到病房，心里有点窃喜，看来这个C大夫人品、医术都高，很受患者欢迎。一个好大夫能带给人希望，这种希望是生的希望，在患者眼里，他就是上帝。

高兴过后，我面临的问题是，我该不该送红包？不送，会不会影响手术质量？送，会不会让人反感，觉得自己不地道？我这种矛盾心理应该是每个患者都有的，虽然刚来那晚，听说现在管得特别严，医生不仅不可以收红包，连病人请吃饭都不准参加。可是不送的话，会不会不被重视，得不到最好的救治？

这真是个让人头疼的问题，必须好好考虑考虑，听听朋友们的意见。

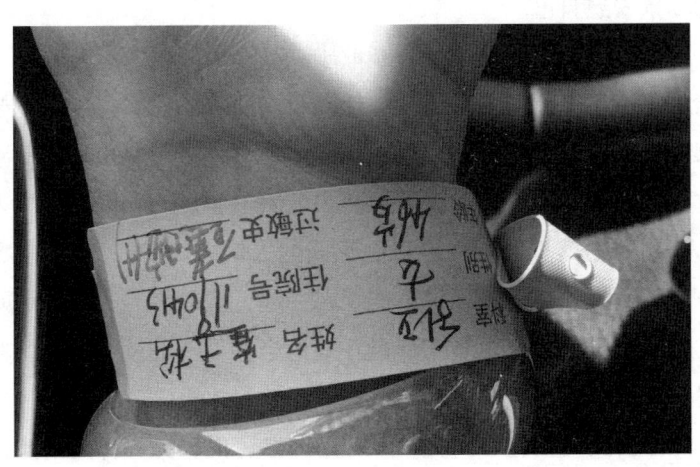

2016年4月9日 星期六

一整天都无所事事,就这么等吧。等待总是难挨,像我今天这样,等待一场手术,等待一把锋利的手术刀割去我的乳房。这是多么悲哀而又无奈的一种等待啊。

奇怪的是,我同样急不可耐。我相信,只要做了手术,我就能健康地活着。

自从得知自己得的是癌症以来,我一直刻意回避这两个字。这是我对生活一贯的态度,我总是选择性地忽略一些事,专拣快乐幸福的场景安慰自己。

丈夫带我到医院前面的公园散步。这个公园叫龙潭公园,本地人出示一下年卡就可以进去,外地人收两块钱的门票。这个季节是北京最美的季节,樱花、海棠、桃花,还有许多叫不出名的花刚刚开放,柳条开始发芽吐绿,湖里的水清澈干净。

公园的角落里到处是跳舞、唱戏的人们,"咿咿呀呀"吊嗓子的声音与锣鼓、二胡的伴奏声交织在一起,韵味无穷。一群京剧老票友脸上虽没有涂着重彩,却也好好地修饰了一番。有一队跳舞的大妈穿着黑色的水兵服,跳着节奏欢快的水兵舞。

龙潭公园的桃花有两种,一种是纯红色的,另一种则是淡粉与粉色相间,绿色的嫩芽在蓝天的映衬下,让我忍不住想起《桃花扇》

里的李香君。海棠的颜色稍微淡些,几乎看不到粉色,愈发显得清丽动人。

公园的另一侧种满了杨树,杨花就像纷飞的白雪飘得到处都是,我赶紧捂着嘴走开。这才发现这北京城的杨花无处不在,本地人好像已经习惯了,而我却无法忍受,匆匆逃回宾馆。打开窗户,才发现那如雪的杨花居然能飘到十几层高的楼上。我终于发现,再弱小的生命都是有力量的。

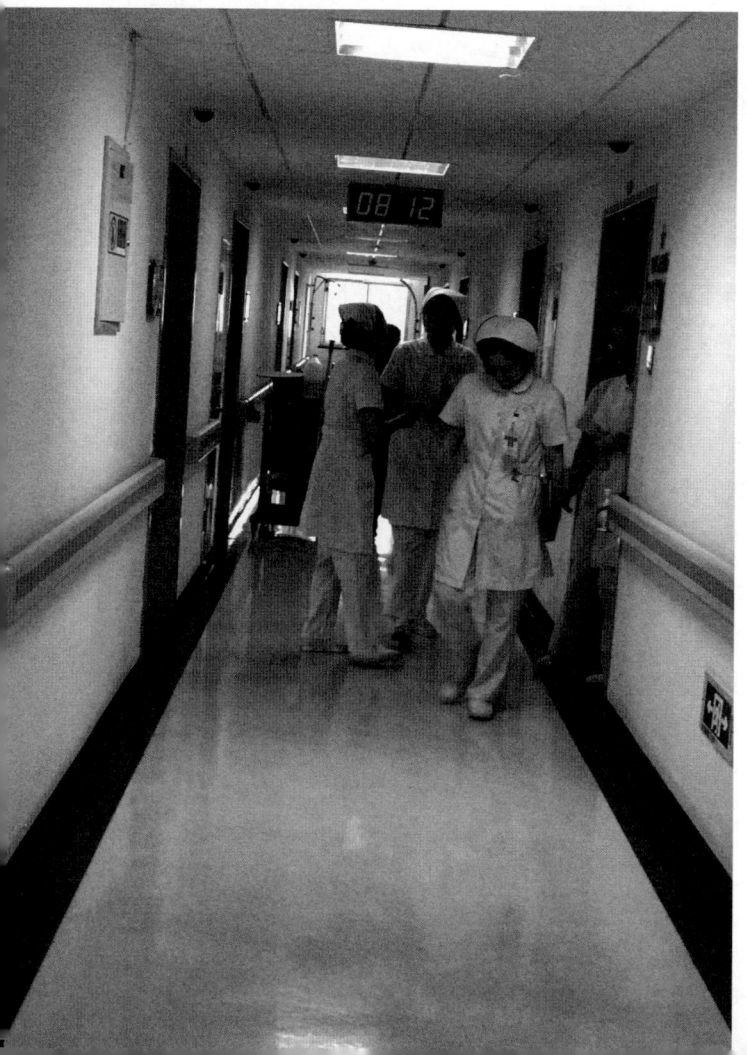

跟着乳房去流浪

2016年4月10日　星期日

今天是手术前一天。

早上7点多，护士就把明天要做手术的人集中在一起，进行术前宣教，并对手术部位备了皮。

中午趁着病房没人，我找到4床的大姐，问她有没有给医生塞红包。她是北京本地人，已经做了手术，很坚强的样子，气色很好，看上去恢复得不错。她说，没有，见医生的机会都没有。我说，术前不是要进行谈话吗？她说是实习医生跟她谈的。她安慰我说，不用送，医院有纪律，不让送红包。

我的术前谈话是C大夫亲自谈的。首先通报手术方案，我的病属于派杰氏内管癌，中早期，由于是导管的问题，乳房是保不住了。

晚上洗澡的时候，我一遍又一遍仔仔细细地清洗着我的左乳——它一直长在我身上，帮我奶大了乖巧懂事的女儿，为什么忽然就想要了我的命呢？女儿出生以后，看着别的妈妈出门，又是奶壶又是米粉又是水瓶，我对我的乳房充满了感激。邻家孩子没有奶吃，邻居把孩子抱到我面前的时候，我甚至还有一丝藏不住的自豪和骄傲。

此时，我轻轻抚摸着它，我想在我的人生中，这是我最后一次帮它洗澡了。我喃喃地对它说，到底怎么了，你居然想要我的命？

2016年4月10日　星期日

为什么你都想要我的命了，我还是不恨你呢？你知道吗？离开了我，你就什么都不是，什么用处都没有了……我的眼泪变成了蓬头的水，流进嘴里，涩涩的。

2016年4月11日　星期一

今天是我手术的日子,这个日子我盼了好多天了。

护士进来换床单、被套的时候,我正在跟女儿说笑。护士很奇怪,一边换床单一边问我,你知道你得的是啥病吗?我说,知道啊,进了这个科,哪有不知道的。她又问,你的手术安排在今晚,是全切,知道吗?我说,知道。她不再说什么,交代我换衣服,说等会儿给我输液。我想,或许在她的职业生涯中,所有进了这里的人不是愁眉苦脸就是哭哭啼啼,像我这样笑得没心没肺的人不多吧?

乳房是什么?是孩子的粮仓,是女人身上最挺拔最娇媚的部分。但现在,我必须逼着自己这样去想:乳房于我而言,只是一件美丽的衣裳,丢了就丢了。或许会心疼一阵子,会伤心一段时间,但我相信自己会慢慢适应的。

我的性格里有一种不服输的特质。那么,在癌症面前,我当然也不会服输。我可以妥协,可以承认癌症的存在与可怕,可以任由医生用锐利的手术刀割去我的乳房,但我却不愿意让一只乳房夺去我的生命。

我想,我已经准备好了。

麻醉师来接我的时候,丈夫、女儿,还有一大家子人都在。我是自己爬上那张有轮子的床的。麻醉师推着我进电梯,女儿和丈夫

2016年4月11日 星期一

跟着奔到电梯口。麻醉师说，出去。女儿后来说他们等不得下一趟电梯了，直接从9楼跑到3楼。当他们狂奔到手术室门口时，已经看不到我了。她说，她爸忽然一阵心痛，紧紧抓着她的手。

我被摇摇晃晃地推进一个长长的走廊，感觉向右拐了一下，又被人推着继续往前走。走廊里黑乎乎的，我忽然觉得我就像进入一个未知的圈套，前面不是手术室，而是无边的黑暗和深不见底的深渊。忽然，灯亮了起来，我已经被推进一个整洁的房间，不知道从哪里冒出来三四个医生，这里立刻显得狭小和拥挤了。一个医生用一个塑料罩，罩住了我的口和鼻。一股呛人的味道让我觉得有些恶心，我说不出话，恍惚间，我好像看到了C大夫。

醒来的时候，我已经躺在病房里了。脚上输着液，嘴里鼻子里吸着氧，腰上挂着两个导流管，右手臂上绑着血压计，不能动，像棵挂满礼物的圣诞树。

那一夜特别漫长，按照医生的嘱咐，8小时之内，我只能平躺着，不能动，连枕头都不准靠。我就那么平平地躺在床上，背上的包扎带硌着我难受，身上一点力气也没有，脚酸得要命，氧气流动的声音一阵又一阵响起，血压计忽然裹紧了手臂，又忽然松开……

我睁着眼睛一动不动，看着天花板，只觉得四周死一般寂静。不知道过了多久，我觉得已经太久太久了，久得我的身体都生锈了。我太想动一动了，我觉得再不动，我的血会凝固的。

可是，只有大脑能动，我想起了我常去的山梁。站在山梁上放眼望去，能看见弯弯曲曲的山地。近处是山，远处还是山，连绵起伏。山顶插进云霄，云便靠在山的怀里小憩。

布谷鸟只顾抬头乱叫，没有低头看看，勤劳的人们早就把苞谷种上了。早春的雨一下，地里的苞谷、洋芋就钻出了泥土，嫩生生地生长着。地埂上的鸢尾花开了，紫色的花把田地一块一块分隔开来。杜鹃花也开了，马缨花、映山红争先恐后地开着，又黯然无奈地落着。雨水拍打着映山红，红红的花瓣上沾满了雨滴，没人怜惜。在山里，花开花落太正常了，没有人顾得上看它们一眼，更没有人矫情地欣喜、怜惜和哀叹。在农户眼里，再美的花也跟野草、黄蒿一样，是大山的孩子。大山的孩子总要学着自己长大，盛开抑或凋落都是它们自己的事。

山梁下，园子里的苦菜起薹了，黄色的花苞顶满了薹尖。芫荽开出淡紫色的小花，薄荷长得越发葱郁，木栏周边全被它们占据了。韭菜见了雨水，格外欣喜，几天就抽了长长一截。

地犁完了，粪也拉完了，牛终于可以歇一歇了。墙角丢了一堆枯草，牛在墙角吃，有人走过，它会抬起头，盯着看。牛歇了，人却闲不下来。廊里的羊咩咩地叫着，山里的青草鲜嫩可口，正是放羊的好季节。猪也不消停，主人从地里找来一箩筐猪草加上苞谷面才够它们吃一顿。鸡们不用太管，林子里有的是虫子，找些啄啄亦可，在猪槽抢点食物亦可，总能慢慢长肥。猫和狗围在主人脚边，主人一边骂一边丢些东西给它们吃。农村的狗好养，煮几个洋芋就打发了。

云从山上飘了下来，屋后的老树笼罩在雾霭里，远山由青黛陷入昏暗，渐渐地看不清了。夜，来了！

这是我生命中最漫长的一夜。我一次次叫醒陪床的丈夫，抱怨时间过得太慢，问他天亮了没有。

2016年4月12日　星期二

　　人的力量是无法估量的，包括我自己。手术后的第二天上午，我就再也躺不住了，让丈夫扶我起来，坐在床边。

　　那是早上，8点不到，我一坐起来，眼前的光一晃，顿时感觉我又回到了人间。

　　在外地读大学的女儿知道我要做手术，向学校请了一个星期的假，专门来陪我。她乖巧懂事，知道父亲陪床辛苦，早早地就买了早点送过来。进来看到我坐着，觉得不可思议，其实我自己也觉得不可思议。只是，那样躺着，如同一堆生锈的废铁，比疼痛更令人难以忍受。

　　开始的时候，我不愿意将病情告诉女儿，怕吓着她。可她终究还是知道了。

　　后来她告诉我，有一天晚上，给我打完电话后，她哭了。她说她还是无法面对。她说她想不到这种事会发生在我们家。她告诉我，正好她同学的妈妈是乳腺科大夫，在得知我的病情后安慰她说，这种病是癌症里的欢喜病，也就是说，是癌症里面可以治愈的病，是一种发病率较高的慢性病，让她不用担心，一定可以治好。在同学妈妈的安慰下，她又通过网络了解了很多关于派杰氏乳腺癌的知识，总算放下心来。

跟着乳房去流浪

过了半辈子,又得了这样的病,其实幸福对于我来说,此时此刻简单多了:一个健康的身体,一个知冷知热的爱人,一个懂事乖巧的孩子,如此而已。

2016年4月13日　星期三

　　早上醒来，女儿帮我梳洗完毕，我正准备吃点东西，忽然听到外面又喊又叫，乱成一团，一群人推着担架从门外经过。

　　我问，怎么了？女儿和同病房的病友都跑出去看。原来，15床的病人死了。我很奇怪，这种手术虽然痛苦，但不至于会死啊！病友说，是血栓。15床的病人手术后一天，身边没有家人，想上厕所，自己起床去卫生间，血栓导致头晕，摔了一跤，就死了。

　　护士交代过，手术后二至三周必须穿预防血栓的袜子。这种袜子我也买了，但只穿了一天。我总觉得，乳房跟下肢没有太大的联系，不穿应该也不会有问题。没想到居然会死人。

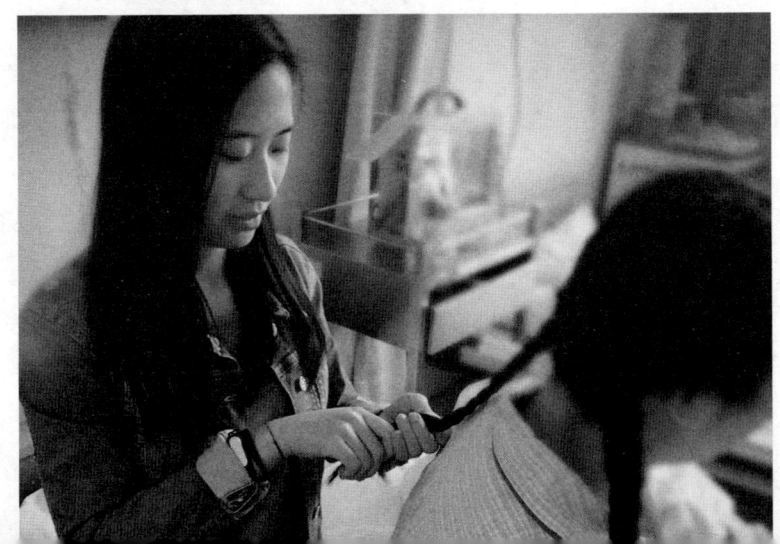

跟着乳房去流浪

4床的病友感叹道,太亏了,从手术台上下来还好好的。她的家人也是,手术后才一天就把她一个人留在病房,太大意了。

这件事之后,丈夫和女儿愈发小心了,吃饭、办事都轮换着去,从来不敢把我一个人留在病房。其实,我的手不能动,自己根本起不了床。轻轻一动,伤口就扯着疼。不知道15床的病人是怎么自己下床,死在卫生间的。

忽然觉得,有的时候,生命就像一张薄薄的纸,一阵风就可以吹走。15床的病友,她怎么也想不到,上厕所这么一个平常的行为,会要了她的命。

一个人再伟大,肉身也是孱弱的。比如康德,他的思想如星空般深邃,让人仰望,但他却敌不过一场小小的疾病。

这一夜,我想,乳外科所有的病人都像我一样,睡不安稳。

2016年4月14日　星期四

早上医生查房的时候就通知我，在下午1∶30以前办好出院手续，准时换药出院。

我哭笑不得。要知道，这才是手术后的第三天啊！这是一个病人最依赖医院和医生的时候，而我却被要求出院了。所有手术后三天的病人都被要求出院。有什么办法呢？这家医院是全国最好的肿瘤医院，全中国的病人都往这儿挤，病人多，病床少，能排上手术就不错了，所以手术后必须尽快给亟需住院的病人腾床位。我想，这就是中国式医疗吧。

旁边病房的病人坚决不出院，非要再住两天。其实，我也不愿意出院。在医院，至少有什么情况可以及时跟医生联系，可以得到最科学的救治。而现在我们只能在医院附近租房子住，换药的时候再跑过来。这算怎么一回事呢？我想，这也算是具有中国特色的看病模式吧。医院在我眼里，忽然间变成割乳房的流水线，冷冰冰的。

护士把今天出院的六个病人及家属集中在一起，交代出院后的注意事项。我没太注意听，我在想昨晚看到的一条微信。那条微信说，现在的肿瘤医院，只要病人一进去，就按照肿瘤生长的部位分到各个科室，然后交钱，外科负责手术，手术后转内科化疗、放疗，身体搞垮以后转中医科，最后的结果就是命长的多活几年，命短的

把钱花光进太平间。我感觉这话说得无理却也并非无理。

  这一夜，胸口依然疼痛憋闷，腰上的绷带似乎也勒得很紧，用手轻轻触摸，像有硬块在胸前游动。我整晚睡不踏实，迷迷糊糊做了个梦。我梦见我在爬山，山很高，我累坏了，全身酸软。好不容易爬到山顶，抬头一看，满目苍翠，空气温润、清新，云彩挂在半山腰，像洁白的轻纱。醒来的时候，胸口那股闷气少了许多，人也平静下来。

  我想，家乡的山山水水能够治愈我的伤，等我好了，取掉导流管、拆完线，我要回家。

2016年4月18日　星期一

"出院"已经四天了,女儿的假期也到了。她帮我把衣服洗好,给我洗过头、擦过身子,就回学校了。

中午吃过饭,丈夫拉着我的手在宾馆的走廊里走的时候,我忽然有一种与他相依为命的感觉。我和丈夫结婚二十多年来,从未如此长时间在一起待过,他从没有为了家庭放下过他的工作。他总说,等我不忙了,我每天买菜做饭给你吃,你好好上你的班。等我们俩都退休了,我好好陪着你,带你到处旅游。

我这一病,把他好好陪着我的承诺提前兑现了。虽然每天还是电话响个不停,但他到底算是我的人了。只要我一叫,就实实在在站在了我的面前。

我想,这就是人生中的陪伴吧。婚姻除了爱情,剩下的,就是这种一辈子的陪伴了。

跟着 乳房 去流浪

2016年4月19日　星期二

　　站在宾馆宽大的落地窗前，看着楼下来来往往的车辆、人群，还有远处那一泓湖水和一天天绿起来的花草树木，忽然有一种说不出的寂寞和悲凉。

　　北京的繁华不属于我，我甚至连个过客都不算，只是一个躲在窗后的看客，看到的只是这个城市微乎其微的一个角落。我常常站在窗前看人行天桥上摆摊的小商小贩，看匆匆走过的人会不会买他们的东西。

　　这个时候，我会想起一个叫黑尔的地方。那是云南东北大山里的一个壮族村寨，从一个叫师宗的县城出来，蜿蜒绵长的公路一直要拖拽着我们的车跑两个多小时才能到达。那里风景秀美，山山水水全是我童年时候的模样。很多时候，我忘我地陶醉在那个宁静美丽的地方。很多时候，我是真的不愿回来了。

　　我想在黑尔盖一所房子。

　　找一块空旷的平地，找一个靠水的地方，用最结实的木材和石头盖一所房子。不用很大，但一定要有一间大大的堂屋。我要在屋里放一张黄花梨的大桌子，邻居们来串门的时候，我会热情地接待，留他们吃饭，为他们杀鸡宰鹅。长凳上坐满了憨厚的村民，桌子上摆满新鲜的蔬菜，再摆上大碗和木筷，倒上醇香的白酒。大家相互

2016年4月19日　星期二

敬酒，喝得恣意豪迈。喝多了就放声歌唱，一直唱到月亮不耐烦，躲进了屋里。堂屋的正面摆放着黄花梨的香案橱柜，古朴自然。橱柜里放着碗筷和花椒、辣子、草果、八角等各种佐料。香案上左右摆放着一对花瓶，是姐姐从景德镇给我带回来的景泰蓝。花瓶里插满了玫瑰，花瓣上还带着新鲜的露珠。香案中间摆放着一个和田玉狮子香炉，每天早上起来我会焚一炷香，凝神静气，沉思默想。

楼上是我的卧室和书房。卧室里用的全是那种田园风家具，摸一摸木材的纹路，闻着原木淡淡的清香，我会睡得又香又甜。书房的四壁安装着酸枝木的书架，书架上摆满我喜欢的书，让我在清幽的灯光下步入大师们的殿堂。书架的旁边应该摆放着一把古琴，闲暇的时候我会为爱人弹奏一曲《高山流水》或《平沙落雁》，让优美的琴声回荡在黑尔的夜空。

书房里要开两扇大大的窗，一扇对着山峰，一扇迎着朝阳。早上起来推开窗，一眼望去，前面秧田里的秧苗长得又肥又壮，一派生机勃勃的景象。水牛正在耕地，时而昂头，时而俯首，经过的地方翻起泥土，搅浑了稻田里的水。壮家妇女系着围腰在苗床里拔秧苗，她的十来岁的女儿在旁边，左手捏着一把，右手一株一株往田里插，一副不情愿的样子。后面的山峰云雾缭绕，根本看不清远处的景象，让人忍不住想长出翅膀，迎风飞舞。

然而，现在的我只能这样百无聊赖地看着窗外喧嚣的城市，每天重复着前一天的百无聊赖。就像此时，我盯着天桥百无聊赖地看了一会儿，又走出房间，在走廊里百无聊赖地来回踱步，这是我唯一可以做的运动。我披着凌乱的长发，挂着两个流血的导流管，穿着睡衣，不知道遇到的人会不会以为我是疯子。我动动酸麻的左手，不敢提起手臂，怕拉动胸前和腋下的伤口。这样来回走了几趟，因为直不起身子，不仅腰弯得难受，而且觉得很累。赶紧回到房间，

跟着乳房去流浪

关上门,想看几页书,一只手翻书实在费劲。不禁有些黯然。丢下书,站到窗前,却发现天桥上摆摊的人已经走了。

2016年4月20日　星期三

吃过午饭，丈夫有事外出，把我一个人留在宾馆。

我在走廊上走了几圈，觉得累，回到房间想躺一会儿，却发现根本无法躺下，轻轻一动，伤口就扯着疼。我在床前转来转去，试了几次，把两个床上的枕头拿过来，摞在一起，慢慢坐到床上，轻轻歪着身子，总算躺下了。

醒来的时候，丈夫还没有回来，我睁着眼睛躺着。由于无法翻身，总是一个姿势，躺着不再是一种休息，变成了受罪。腰酸得要命，伤口也疼得厉害。我实在太想爬起来了，就轻轻挪到床边，想把脚勾在沙发上，却发现这种可能性几乎为零。稍微一用力就会牵动全身的伤口，疼出一身冷汗，于是不敢再动。

又躺了一会儿，我咬着牙，试着用力，还是不行，腰上的力使不出来，任凭我怎么试，都是徒劳。反复尝试了几次，我还是无法从床上起来。忽然就崩溃了，意志力瞬间瓦解，眼泪忍不住淌了下来。我放弃全部挣扎，心如死灰地躺在床上，任由眼泪哗哗哗往下淌。我恨自己，恨自己得了这种病，花了许多钱，还把自己变成了一个废人，连起床这样的事都无法自理。一个人一旦成为他人的负担，还有活下去的必要吗？

我想好好放声大哭一场，却发现根本做不到。即使是抽泣，胸口都会憋闷疼痛。那一刻，我真的有一种生不如死的感觉。眼泪淌了一阵，不死心，又使劲挪动身子，可是，我像一只没有脊椎的菜青虫，蠕动了半天，还是没法爬起来。

我终于想到手机，手机被我顺手放在左边的床头柜上，我使出全身的力气，挪到床边，忍住疼痛把手机拿到，却发现除了丈夫，我没有一个可以求助的人。而丈夫在外面办事，要赶回来，偌大的北京，怕也得一两个小时以后。我想了想，还是打电话给丈夫，让他给酒店总台打个电话，请服务员来扶我。

女服务员进来的时候，我蓬头散发地横躺在床边，向她伸出右手。她试了试，没法扶我起来，我身上没有一点力气。她又叫来一个男服务员，才把我扶起来。

男服务员走后，我坐在床边不停地掉眼泪，任我怎么努力克制，都忍不住。那个女服务员年纪不大，顶多二十多岁，微胖。她把纸巾盒递过来，说，生个病很正常，挺过去就好了。她安慰我说，这算什么，谁没有个难处。走的时候，她不放心，说门就不关了，有什么事叫她，她随时都在。

我忽然觉得很羞愧，真的。突然就想知道，她的难处是什么？

2016年4月21日　星期四

想到治病是个长期的事，为了省钱，也为了能自己做饭吃，我和丈夫商量了又商量，还是租了套房子，从酒店搬了出来。

房子离医院500米左右，房租每月5800块。一室一厅，有厨房和卫生间，卧室朝阳，通风好，我很满意。只是床板太硬，不知道我这身体能否受得了。

丈夫出去买了床单、碗筷及其他生活用品，准备安安心心在北京过日子了。外甥女从家乡飞了过来，专门照顾我。

折腾了一天，晚上终于吃了顿家乡饭，有了一种家的感觉。看来，我得在北京过上一段这样的日子了。

然而，我还是不时地会想想黑尔的那所房子……

我在想，我要留两个宽敞的院子，前院用来栽树种花，右后方，紧贴着房屋的地方用石头盖一座结实的粮仓，粮仓前挂满了玉米、辣椒，粮仓里堆满了黑尔的稻谷，还有一个个黑黑的土豆和大大的南瓜。朋友们来的时候，我给他们每人装一袋黑尔有名的香稻，再送一些土豆和南瓜。我想，他们一定会客气地推让一番，然后笑呵呵地将东西抬上车。前院的左前方盖一座木质的亭台，和友人聊天读书，赏月歇凉。亭子旁边栽两棵高大的树，一棵桂花树，一棵玉兰树。前方是爱人为我栽种的玫瑰，五颜六色，绚丽芬芳。我一看见它们,心里就充满了爱和希望。

后院用来安顿瓜果蔬菜,还有一地的草莓。篱笆旁随意长着几棵枇杷,拱起的篱笆门上挂满了紫色的葡萄。葡萄藤下几只鸡在捉虫,把地里的土刨得到处都是。一只老母鸡躺在葡萄架下,旁边挤满了刚出壳的小鸡,叽叽喳喳的,好不热闹。我要用从黑尔大山上砍来的栗树枝简简单单地做道门,用河边的苦竹围成低矮的篱笆,篱笆上爬满了喇叭花,不声不响地悄然绽放。

我家门前肥沃的水田里,碧绿的秧苗正茁壮地生长,欢快的稻花鱼游来游去,溅起一阵阵涟漪。每当我从缀满鹅黄色蒲公英的田埂上走过,我家那只小狗总是乖巧地跟在我身后。稻田旁边有小河潺潺流过,河水清澈见底。淘气的男孩早早卸下身上的衣裤,赤条条地跳进河里,三五成群,游泳嬉戏。年岁小的在河床边摸河蚌、捞小鱼。河堤上一对正在洗衣的姐妹,一弯腰,整个黑尔都被她们洗得干净鲜亮起来。

黑尔的日子,应该是简单快乐、平淡充实的。不用闹钟,无须着急。啁啾的鸟儿会叫醒你,公鸡嘹亮的打鸣声会催你起床,地里需要浇水除草、松土施肥的庄稼在等着你。我的爱人绝不会赶着去应酬、忙着去做事。他会全心全意地陪着我,为我栽花种树,陪我洗衣做饭,为我淡扫蛾眉,帮我梳理青丝。丢开凡情俗事,放下豪情壮志,做一些看起来毫无意义的事。

早上我会为他煮一碗面条,碗底卧两个土鸡蛋,在屋后拔两根自家的香葱,洗净切碎放进碗里。汤是土鸡汤,炖得又黄又香。舀几勺肉酱,吃得清爽而有营养。我会像村里的壮民那样,用黑尔的香糯米舂糍粑、做米酒……

做完地里的活计,我会和黑尔的姑娘一起,拿起换下的衣裳,

2016年4月21日　星期四

到门前的小河里浣洗。吃过晚饭，找块手工蜡染布，向隔壁的女人学习做鞋垫、绣花……

2016年4月22日　星期五

今天要到医院换药。

我突然发现此时非常渴望见到医生，渴望听他们亲口说，我恢复得如何如何。其实在病人心里，医生是永远的希望和慰藉。

因为离医院只有500米，我们走着去。我戴着帽子和口罩，丈夫扶着我。我原本以为自己精神、体力尚好，这一走才发现体虚人空，短短的一段路，只觉得走了好久好久。

医生一边给我换药一边跟我聊天，他是C大夫带的博士生，理论知识比较扎实，他的话，我都愿意相信。后来他还让我加了他的微信，说有事可以跟他联系。

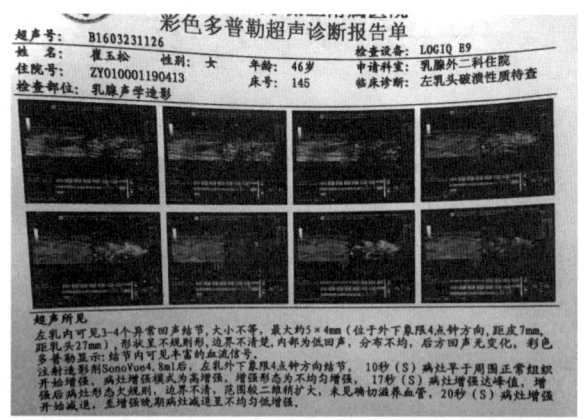

2016年4月26日　星期二

　　等待伤口愈合是一个漫长的过程。做完手术已经半个月了，在北京的日子，每天吃了睡，睡了吃。感觉自己就像推磨的驴，脚下的路漫长得没有终点。这让我想起了卡夫卡在他的日记里随手写下的一句话：睡觉、醒来、醒来、睡觉……

　　每天醒来，我就在狭小的房间里来回走。运动是为了让伤口的瘀血尽快排出，以便早点拔掉导流管。我租的房子对面不再是美丽的龙潭公园，而是一个叫"弘善家园"的小区。站在阳台往下看，虽然看得不远，但可以看见几株翠绿的树。小区中间的马路上停满了私家车。一天到晚都是满的，好像这些车从来没有被开走过一样。

　　在百无聊赖中，我又会想象黑尔的那所房子。是的，在北京这个狭小的房间里，我特别渴望能在黑尔拥有一所自己的房子。

　　三月三这天，吃过红兰草、黄饭花、枫叶、紫蕃、藤汁染成的五色糯米饭，我会换上鲜艳时髦的裙子，走遍村子的每个角落，听壮家儿女唱风情小调，吃壮家的长街宴。混在身穿蓝、黑、棕色衣裳的姑娘身边，看她们抛绣球以及与心仪的男孩对情歌。太阳落山的时候，燃一堆篝火，围在火边延续白天的欢乐，继续喝酒、唱歌，没听够的话，叫那个善歌的小伙多唱几遍。歌尽人散，回到自己的小屋，对着月光，打开电脑，一边哼着新学的小调，一边记录下一个个开心的瞬间。

在黑尔的日子,我会流连于清幽的山水之间,将整个黑尔看个够。我要到飞塘瀑布看七彩霞光,站在飞溅的流水下,让水花淋湿我黑黑的长发和鲜艳的衣裳,让爱在流水的清洗下变得纯净、明亮。我要脱掉鞋子,光着脚丫到河里尽情享受河水的清凉,顽皮地捞起河里的水不停地泼洒,任凭我清脆的笑声响彻黑尔的每座山崖,让黑尔的山山水水见证我的幸福年华。

是的,我想在黑尔有一所房子。

如果要归隐乡间,黑尔就是我心中的天堂。璀璨的星星是我的,圆圆的月亮是我的,火红的太阳也是我的。清澈的溪水是我的,翠绿的高山是我的,憨厚淳朴的黑尔老乡也是我的。我会待他们如我的亲人、我的兄长。我会把身上的皮肤晒得跟他们一样黝黑健康。我会像山间的花儿一样,自开自落,绝不张扬。我会把所有的俗事放下,陶醉在黑尔的青峦叠嶂、灵秀清爽里,让自己活得淳朴实在、随性安详。

我想在黑尔有一所房子。在这所房子里,即使容颜慢慢变老,不变的却是我永远年轻的心。我会潜下身子,做稻田里的一叶浮萍,陪伴着绿油油的秧苗长大。我会潜下身子,做黑尔河里的一块石头,温润坚实、质朴无华,回归我本来的模样。

而现在,在北京,在这个小屋里,我真实的生活是:睡觉、醒来,醒来、睡觉……

吃过午饭,我会觉得困,睡半个小时到一个小时,然后起床,喝水、吃水果、来回走……走着走着,就走到了吃晚饭的时间;吃过晚饭,又来回走,走着走着,就走到了睡觉的时间……

走着走着,一天就结束了。

2016年4月27日　星期三

  第一次觉得时间不等人，是我的病确诊那天。看到诊断书的那一刻，我有点懵，然后脑海里一直萦绕着那句歌词——"我怕来不及"。是的，我怕来不及，这种感觉如此清晰。我怕来不及陪母亲慢慢老去，我怕来不及等女儿找到工作，我怕来不及做自己喜欢的事。

  回到出租房，躺在床上，伤口一阵阵扯着疼，可对我来说，这种疼痛远远没法与那种害怕来不及的感觉相比。我想起当初父亲从查出喉癌到死，日子都是在辗转求医中度过。一年间，说不出话，吃不下东西，连喝水都困难。我想起他对我说的话："我终于明白什么叫生不如死。"

  我跟丈夫说，我不要过那种没有质量的日子。我要去各地旅游，到处走走。哪怕留给我的时间只有一年，我也要过我喜欢的日子。

  今天的夜太深太深，好像还有风在吹动着刚刚泛绿的树叶，仿佛想把我的忧伤与恐慌吹落一地。我在想，我怕是永远等不到天亮了。

2016年4月29日　星期五

周末了，又快到五一小长假了。往年的这个时候，我的心思早就飞走了。不是出门就是回老家，基本不会在家里待着。

今年的五一不属于我了，如果不是单位发信息安排我五一值班，我几乎忘记了这个日子。单位的值班表早在过年前就排好了，收到信息后我回复了一句："对不起，我在北京治病。"发信息的大概是单位新来的小丫头吧，她马上回复我："对不起，不知道情况。"这条信息让我开心了好一会儿，从来不喜欢请假却老想出门的我，从此以后怕是有出门的借口了。

生病还让我收获了很多友谊。在病中，真正关心你的人总是会关注你，尽力从各方面帮助你。

多年来，我奔波在不同的单位，处了不少朋友，但大多数走了就走了，继续联系的很少；倒是学习写作以来结交的一些朋友感觉更真诚一些。爱好写作的人更懂得生活的美好，做人做事都听从心灵的召唤。有时会活在自己的作品里，活得深情、率性。

所以在微信上，我矫情地写道："即使病了，我也是幸福的病人。疾病会在我朗朗的笑声中退却，我将永远朝着阳光前行，把阴影踩在脚底。"

2016 年 4 月 29 日　星期五

　　希望我能有机会，回报一切关心我的人。希望我的身体能够恢复健康，让我有机会学想学的东西，写想写却还没有写的文字。

2016年5月5日　星期四

又到了换药的日子。我状态很好，心情也很好，我想，我的伤口大约快愈合了吧？

结果在换药的时候，我发现伤口居然还在流血，心情瞬间变坏。给我换药的医生忙去叫C大夫。C大夫一看我的伤口就说，得缝几针了。我问："为什么会这样？"他说："身体里面的伤口是用可以吸收的线缝的，已经吸收了，但皮肤的张力太大，伤口又挣开了。"

等候缝针的当口，C大夫又走了。走的时候交代说他会亲自给我缝。他走了多长时间我不清楚，我只是觉得好久好久了。身上的绷带已经切断，衣服也已经脱光，觉得冷得厉害，又不敢穿，怕没有消毒的衣服使伤口感染，就那么傻傻地光着身子等着。后来C大夫来了，一同进来的还有主任。主任看了看我的伤口，说，没事，是张力的问题。我问C大夫怎么办，他说缝上就好了。

这一天的我有些绝望。我开始怀疑我的身体，我不确定后续的治疗我能否挨得过去。我惴惴不安地想，我会是那个能够治愈的幸运儿吗？

我想起了水莲，清水沟村的那个贫困户。三年前检查出甲状腺癌，十多万元的手术费让这个原本还算富足的家庭突然返贫。为了还清借款，减轻家庭负担，水莲起早贪黑，辛勤劳作。

2016年5月5日　星期四

　　我初次见到她是在一个春末,正午的太阳热辣辣地烘烤着那片土地。水莲家的院子里,一只只肥硕的鸡正"咕咕咕咕"地到处觅食。水莲戴着草帽在挖地,锄头扬起、落下,她不时地伸出手擦擦汗,显得有些吃力。

　　水莲第一次打电话来,是在一个腊月,农村杀猪宰牛的时候,她喊我去她家里吃杀猪饭。我去了。我看见她的丈夫、儿子都回来了,一家人忙忙碌碌。吃过丰盛的杀猪饭,匆匆告别的时候,水莲又热情地把准备好的排骨和猪肉硬是塞到了我的车上。

　　过了几天,水莲又打电话说要给我送两只土鸡过年,我连忙拒绝:"你身体不好,你们村坐车又不方便,再说你从来没有来过,你找不到的。"水莲笑了:"鼻子底下有张嘴,我会问嘛。"我拗不过她,转念一想,快过年了,不如去看看她,给她带点过年的东西。于是我说:"你来不方便,还是我去吧。"

　　去清水沟那天,天特别蓝,蓝得让人看上一眼心就会融化。清水河里的水也特别清澈,让人不忍心用手摸一下。我开着车到达水莲家的时候,水莲不在家,不知去哪里忙去了,钥匙挂在门上。我轻轻地推开门走了进去,把给水莲的东西放在堂屋,开着车往回走。到了清水河水库的时候,听到电话铃响,正是水莲打来的。她急急地说着什么,非让我回去,果断得不容拒绝。

　　见过水莲,开着车回城的时候,我的心暖暖的,眼睛有些湿润。水莲的心宛如清水河里的水般清澈而透明,温润而宁静,没有一点浮躁,没有一丝杂质。

2016年5月7日　星期六

丈夫这次来北京，最重要的事就是找医生了解情况，尽快把后续的治疗方案定下来。

听朋友介绍说，有一位生物科技专家对肿瘤有新的治疗方法。我们一大早就打车过去。

到了那边，那位姓周的专家非常热情，我一坐下，他就说我得的根本不是癌症。他说所谓的癌症就是肿瘤变异，任何医学手段都医治不了，病人一般在三个月内就会死亡。他拿出我的血液检测报告指给我看。是的，我的各项检测结果确实全在正常范围内。他说，你得的根本就不是癌症，乳房切除太可惜了。

听了他的话，丈夫兴奋极了。他快要相信我是被误诊，快要相信我得的根本就不是什么派杰氏内管癌，而真的像这个周教授所说，只是一点小炎症而已。

我和外甥女还算冷静，我们觉得不可能。

吃过饭，外甥女已经在网上搜索到这家营养疗法机构，查到了这个周教授的名字。但是这家机构没有自己的主页，也没有太多介绍。再回到他的办公室，看见他和他的员工拿出他们自己研制的功能食品吞服，并让我们也吃一些。他的食品用胶囊包装，跟药品一模一样。我问，这是什么药？这个药怎么要吃这么多？他反复纠正

2016年5月7日　星期六

我说，这不是药品，是食品。他又劝我千万别去做化疗，一做化疗血清检测指标就会升上去。他说，只要按照他们的要求服用他们的功能食品，保证我一点事没有，会越来越健康。

我们非常兴奋，马上掏钱买了一周的药，一共花去18000多元。我吓得直咂嘴，说，天哪，这也太贵了！一年下来还不得一百多万？谁吃得起啊。周教授忙说，你现在吃它主要是为了愈合伤口。等伤口愈合了就可以减量，慢慢保养。

回到出租屋，丈夫已经决定不让我做放疗和化疗了。他甚至断定我的乳房被切除是个错误。我说，怎么可能？那么好的医院怎么可能误诊？再说，活检结果都出来了，明明就有癌细胞，而且淋巴已经被感染。丈夫好像失去理智一样，根本听不进去我的话，说了好几遍，固执地认为我的乳房被切除是个错误，后悔没有早点来见这个周教授。

我只好说，切了就切了，没什么可后悔的。如果老想着吃了亏就更不舒服了。再说，切掉也放心点儿。

商量来商量去，他终于同意我的说法，而我也同意按他的意见，吃周教授的功能食品。三个月后到医院检查化验，如果指标越来越好就不再考虑化疗的事；如果有异常，再选择化疗。他说我的病灶已经切除，又有这种疗效显著的功能食品，一定没有问题。

其实我心里还没有失去理智，但我不想跟他争论。自从我生病以来，他不仅四处求人找医院，打听情况，回来还得伺候我，已经非常辛苦了。我相信，三个月内我的病不会有什么大问题，那么就快快乐乐过三个月再说吧。

丈夫见我接受了他的意见，笑得非常开心，有点傻傻的感觉。好久没有见他这么没心没肺地笑了。我忽然非常理解那些因病被骗的病人和家属，人在走投无路的时候，抓到一根稻草都以为可以救命。

　　这一夜,丈夫睡得很安稳。大概这么多天以来,这是他第一次真正放下心来吧。他一直舍不得让我去做化疗,怕我受罪,更怕化疗以后我再也没有治疗的机会。终于在今天,这个周教授让他找到了不化疗的理由,所以心里感到前所未有的踏实。

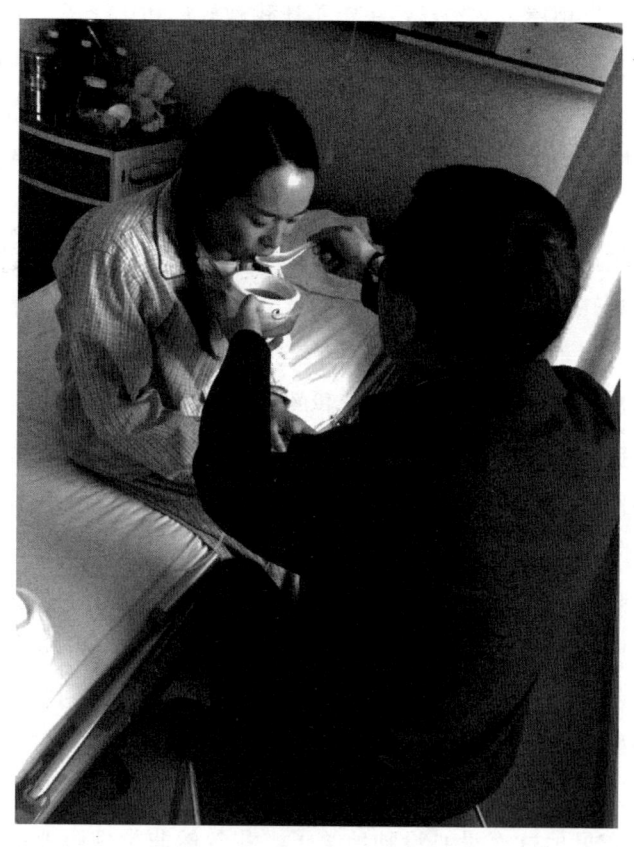

2016年5月9日　星期一

按照医院给出的治疗方案，手术后半个月就该化疗了。

化疗是用化学药品全身性追杀癌细胞，杀死癌细胞的同时也会杀死一些好细胞。我周围的病人，死于放疗和化疗的很多。我有些担心，丈夫也不想让我做。

听说广安门医院是一家以中医治疗为主的医院，医治水平十分了得。我挎着丈夫的左臂，拖着导流管去看中医。我们就想找个经验丰富、医术精湛的老中医看看，问问他，像我这种情况，能不能不做化疗，采用中医手段治疗？

广安门医院的病人多得让人无法想象，如果不是亲眼所见，这种人声鼎沸、摩肩接踵的盛况说出来只会让人觉得太夸张。难怪出租车师傅一次又一次问我们挂上号了没有，难怪前不久网上披露，广安门医院的挂号费被黄牛党炒到5000块一个。

才早上7:00，我们从门诊大厅进去，就看见来看病的人已经排到了门诊室外面的走道上。电梯口同样挤着很多人，有一个坐轮椅的也在等，平时遇到这种情况，大部分人都会让他先上，但是现在不会了。人太多，错过这一趟不知要等到什么时候。

我们等了三趟电梯才挤进去，到了四楼，依然到处是人，有的甚至带着简易凳子，带着行李箱。肿瘤科门外的长椅上早已坐得满满的，走道上也站满了人。有的靠着墙，有的蹲着，有的坐在地上，把一张宣传单垫在屁股下面。

医生还没来,叫号的护士开始收号,叫大家排队。有一个老人上前询问,某某医生哪天看门诊?护士说星期五。老人又问了一句,星期五吗?护士生气了,大声喊道,你要我说多少遍?老人一句话也不敢回,嘟嘟囔囔地走了。

我很幸运,我的医生是提前约好的。老中医看过我的病理诊断报告单,说,你这种情况,放疗、化疗都得做。我问,中药可以抑制癌细胞吗?他说,不可以,中药只能辅助放疗、化疗,起到增效防副的作用,就是增加放疗和化疗的效果,减轻副作用。

从医院回来,丈夫有些沮丧,前天见到那个周教授的高兴劲一扫而空,说好吃三个月生物食品的决心开始动摇。他说,为什么身边的人都说不能放疗、化疗,但所有的医生都说必须放疗、化疗?你说把生命交给我,让我拿主意。可是,我怎么敢决定啊?我该做什么决定呢?要不你自己决定吧,我真的不知道该怎么办了。

我没有说话,我当然也不知道该怎样选择,但是我觉得还是应该听医生的,毕竟他们比一般人更专业,而周围的朋友、熟人根本不知道具体情况。

吃过午饭,我对丈夫说,我们这段时间找的都是肿瘤科、乳外科的医生,没找过放疗、化疗方面的医生。不如你带上我的病理诊断报告单,找一位化疗方面的专家,听听他的意见。

丈夫按我说的做了。回来后告诉我,化疗科的医生说,你这个病必须化疗。医生还说了,如果不及时化疗,可能三个月到半年就会转移,而化疗以后可以保证五年内不会转移,而且五年后的生存率为50%。丈夫说,要不就化疗吧,我们听医生的,尽量选用副作用小的药物。我点点头说,那就化疗吧。

终于统一了意见,我心里也踏实了许多。

2016年5月10日　星期二

今天是我换药的日子，也是丈夫回云南的日子。

他陪我到医院，我拿了号在治疗室门口等着。他又跑到医生办公室找C大夫打印我的病理诊断报告单。给我换药的是一个从来没见过的医生，他很快帮我搽了碘伏，用胶布粘了起来。我刚穿上衣服，C大夫就进来了，又把胶布扯开看了看我的伤口，说，没事，好好的，你把心好好放在肚子里。

出了治疗室，我和丈夫跟着C大夫来到他的办公室。他调出我的病理诊断报告单，说其实这些没什么用，这份病理诊断报告单是为手术准备的，手术做完就没有用了，以后还得经常检查，指标会有变化。

我们没有说话，他看了看我的检查结果，说，你看看你的身体这么好，有什么问题？你看，白细胞、红细胞比正常人还略高一点，做化疗最适合了。我说，那你看我存活的概率有多大？他回头拍着我的肩膀说，你好好配合我们治疗，一定让你康复回家。

他又说，我保证，你的病百分之百可以治好。我问道，那我为什么那么倒霉？别人的伤口都不会裂开，我的怎么就裂开了？他说，这种情况还真的很少遇到。里面都长好了，外面的皮肤却没有愈合。不过，没事，再过十几天就好了。

他问我:"化疗准备去哪里做?"我还没回答,他又说:"放疗得回我们医院做。"我问他:"如果你们拿方案,我用你们的方案到别的医院做,效果会有区别吗?"他说:"当然会有区别,医生的经验和技术不一样嘛!"我说:"那肯定得在这里做了。"他一听,掏出手机,就准备打电话帮我找化疗的医生。我连忙说,先别找,我的伤口还没长好,如果现在安排化疗,我恶心呕吐又把伤口挣开怎么办?他说对对对,再等十几天吧,伤口长好再说。

今天伤口看上去没什么异常,又听C大夫说我的病百分之百能治好,我心里很高兴。因为在此之前,他从来没有说过这种话,而且据我了解,也没有一个医生敢说这样的话。今天他是在认真地看了我的检查结果之后才说的这番话,所以我非常信任他。但愿半年以后,我已经好好的了,健健康康的,想干啥就干啥。

2016年5月13日　星期五

吃过晚饭，和外甥女有一句没一句地聊着。

外甥女出生在一个煤矿。当时我还在读技校，每个假期，我都会去矿上帮姐姐照看她。我跟她聊起她小时候那些好笑的事，比如，能把电视广告一字不差地背下来。比如，傻傻地叫煤矿上那些工人的外号。比如，四岁就能背近五十首古诗……外甥女一听，说，难怪我现在要来照顾你，原来，是欠你的。我俩哈哈大笑。外甥女说，二姨，小心伤口。

丈夫打来电话，兴奋地说，有个朋友的朋友得了肺癌，医院说最多能活半年。后来，有人介绍他去日本治疗。现在治好了，今天还跟我喝了两杯酒。他说，要不，我们也去日本看看吧。听说那里不化疗也不放疗，他们从饮食方面着手，慢慢调理，彻底改变癌细胞的生存环境。我说，不行，我不会日语，怎么跟人交流？丈夫还沉浸在兴奋之中，他轻快的声音从电话里蹦出来，他说，你想，地里的洋芋病了，不一定是洋芋有问题，多半是土壤有问题。把土壤换了，洋芋不就可以健康地生长了？我说，请人打听一下再说吧。怎么治？去那边找哪家机构？还有，钱从哪里来？丈夫说，钱的问题你别操心，我去贷款。

挂掉电话，外甥女说，我姨爹怎么了？他会不会被骗？我说，

跟着乳房去流浪

应该不会。他一向很理智,这次怕是被我这病刺激到了。让他打听打听再说。

这段时间,整天闲着,对我的病,我也了解了很多。我知道乳腺癌的治愈率已经很高,只要按照医生的方案治疗,活下去的希望很大。我实在不想去那种人生地不熟的地方,我更不想因为我的病欠下一屁股债,影响家人的生活和女儿的学业。我只想听医生的,一步一步按疗程慢慢治。

只是,我也不能拒绝丈夫的好意,毕竟他是真心为我好。从我查出乳腺癌至今,他明显瘦了。他的压力好像比我还大。等他打听清楚再说。

2016年5月14日　星期六

  北京是个包容的城市，这种包容来自于北京深厚的文化底蕴。从公元前1045年起，它就是蓟、燕等诸侯国的都城。自元朝建都以来，也已经有八百多年了。三千年的历史积淀让北京人变得淡定沉稳，那是一种真正的、不屑与人计较的沉稳。多少到北京打拼的人来去匆匆，走马灯似的变换更替，只有北京人依然稳稳地守在他们的胡同里，冷眼旁观。

  皇家园林、名人故居、名山古刹随处可见，比比皆是。外地人眼里的稀罕事，在老北京人眼里那就是个平常事。他们挤在胡同里过着悠闲的日子，不管这里原来是哪个官员的府邸，或是哪位名家大师的住所，他们照样在几百上千年的古树上拉根绳子，晒衣服晾被子。门口那块写着某某故居、某某旧址的牌匾只是一个符号，院子里早已经没有了那个人的痕迹。

  养猫养狗遛鸟是老北京人最喜欢做的事。早上出门，常常会遇到两三条狗牵着一个人在走，或者一个老头拎着两个鸟笼对着躲在布帘下的鸟儿唧唧咕咕地说着鸟语。至于猫，更是无处不在。它们会掠过胡同的屋顶，跳到某个寺庙的禅房外，还会在我租住的小区跟狗一起玩耍。夏夜，雾霾终于散去，我和外甥女到后面的公园散步，居然遇见三四个老头儿仰着头盯着夜空指指点点。原来雾霾笼

跟着乳房去流浪

罩了几天，老头儿们憋不住了，风一吹，他们就相约出门，比一比谁的风筝飞得更高。你看他们生活得多么悠闲、惬意。

北京人能侃，爱侃，只要你愿意，找个温暖的午后走进胡同里，找一个白胡子的老头儿，他保准能把尘封多年的往事一一跟你道来。每次打车，车上的司机十有八九都在听电台播放的相声。我终于明白了，为什么在北京相声比小品更有市场。

北京人的骨子里透着一股说不清的优越感，甭管是街头摆摊子剃头的，还是路边骑摩托车的，都有一种睥睨一切的感觉。我亲眼见过一个骑着电动三轮车拉货的人，过马路的时候被警察吼了几句，他就把三轮车停在路中间，不吵不闹不分辩，也不把三轮车推走。后面的车堵了一溜，着急地按着喇叭。最后，交警不得不客客气气地请他把车弄走，还亲自为他推车。

一个磨菜刀的大爷，到我租住的小区磨刀，外甥女凑过去看，我说，走吧，别看了，跟卖油翁一样，唯手熟耳。大爷一听不干了，一副不屑一顾的样子，拿出爷的腔调，说，你们南方人就是小气。我问外甥女，这个大爷怎么这样说？我又不磨刀。外甥女说，北京人就这样，干什么的都是爷，牛得很。

总的来说，北京人给我的印象还行，一副参透世事的模样，热心，爱管闲事。你要打听个什么事，他准会真诚地给你指点，这是很多地方遇不到的。我打车去广安门医院，司机师傅一路上都在提醒我，广安门医院人多，挂号太难，要不我送你们去广安门分院？

有一次，从医院出来，看到门口有娘儿俩，一个老妇人和她的"儿子"。老妇人一副病重的样子，躺在地上一动不动。"儿子"跪在一旁乞讨。由于我刚查出得了这病，见到这种没钱看病的人情不自禁地就会生出同情之心。我推了推丈夫，说，把你的零钱给他吧。丈夫掏出钱，给了一张五十的。想了想，又把手上十块二十块的都

2016年5月14日 星期六

给了他们。"儿子"感激涕零，不停地给我们磕头致谢。一个老北京人走过来，对着丈夫说了一句，真傻。我们这才反应过来，哈哈大笑。老北京人又说，骗子，骗子，天天在这儿行骗。说完，头也不回地往前走了。

生活在北京的小区里，看到的是不一样的北京。

北京人的工作时间是朝九晚五，中午休息一小时，算起来比我们少上一小时班。当我坐着99路公交车经过长安街，晃晃悠悠地来到华威南路，至少也得一个小时。要是不顺路，需要倒车，回到家就该晚上8点多了。再做饭、吃饭，收拾完毕，估计就该睡觉了。这样的生活，我可真的适应不了。不知道有孩子的人家怎么接送孩子。在南方，我们每天吃过晚饭会去散散步，还得打个牌、喝个茶、聊聊人生。想到这些，我对北京人油然生出一丝同情之心。

2016年5月15日　星期日

经过紧张的手术和剧烈的疼痛，我已经如同夏日午后被人遗弃在山野里的牛肝菌，徒有其表，浑身被虫蛀得只剩一个空壳。天凉就感冒，天晴就发热，虚弱得就像一株含羞草，一碰就垂下叶片。

北京一直不下雨，感冒也一直不好，让人很容易对这里的气候失去信心，对未来也不禁怀疑起来。不出门，整天把自己关在出租屋里，盼雨来，想象雨点用尽所有的力气砸向屋顶的情景。

多想出去走走。就像在泰丰那样，在家门口就能看见松鼠一跃而过。或者就在小区里走，闻闻大雨浇透之后泥土的清香。这种味道很容易让人想到菌子，这个雨后的精灵，是夏天对我最大的诱惑了。倒不是特别爱吃，而是这种东西让我觉得非常奇妙，刚刚还什么都没有，才一会儿工夫，或者只是下了一阵雨，原本什么都没有的地方居然会一朵朵长出来，顶着泥土，张开小伞，胖胖的，可爱极了。

可是，在这里，我只能躲在出租屋里，掀起窗帘看看一直没有雨水浇灌的水泥地，还有街道两旁那片干渴的绿。

2016年5月19日　星期四

感觉伤口好得不是那么利索，别别扭扭，阴疼阴疼的。我联系好C大夫，决定到医院看看。

打开伤口，我低头一看，好像还有点红肿。C大夫却见怪不怪，反倒拿出拆线刀把我伤口上的线一一剪断，只换了一块纱布包着。我急了，跟他嚷道，你确定吗？他说，好了，没事了，走吧。

就这样，我的伤口莫名其妙地好了。

我不是那种过于在意疼痛的人，或许正因如此，我的乳房才出了毛病。自从确诊乳腺癌以来，我变得小心翼翼，芝麻大的事都得问医生。没问过医生，哪怕平时知道这种方法，我都不敢尝试。我对医生是百分之百地服从。在我的心里，他们就是我生命的掌控者。

得了病我才发觉，人是非常惜命的。平时人们常说，死了就死了，没什么。现在才发现，大凡喜欢这样说的人都是因为很健康，"死"离他们很遥远，根本就不会发生，所以他们才有勇气"视死如归"。当死的危险真正降临，人人都会小心谨慎，巴不得多活一段时间。我也是，此时把活着的希望全部寄托在医生身上。我相信只要他们愿意，用红笔一勾，这个人马上就会生还或者死去。

可是，活着又有什么意义？我从来没有思考过。我觉得活着就是活着，我对自己的要求也只是活着，好好做一个人。在自己能吃饱穿暖的同时,尽量帮助那些需要帮助的人,带给这个世界些许温暖。

细细想来,这个"人"字虽然有些纤细,但我用尽自己的力量去写,我写得还可以,得到了很多人的认可。

几年前,我曾经资助过三个贫困家庭的孩子。

我没有刻意和他们过多来往,只是坚持每个月给他们送去生活费,偶尔和他们聊聊天。每个学期末,我会请他们到我家吃顿饭。慢慢地,孩子们对我也从最初见面的紧张、拘谨变得熟络起来,但农村孩子的本分与朴实,决定了很多时候还是我说得多,他们说得少。

高考过后,孩子们打来电话报告成绩。录取通知书下来了,他们分别被华中科大、中国农大、西南财大录取。他们骄人的成绩带给我难以言喻的愉悦,跟自己的孩子考上好大学的那种心情没有什么区别。

后来,我又找了几个孩子,依然用那种顺其自然的心态帮助他们。我想,在别人需要帮助的时候我伸出了搀扶的手,那么在我生病的时候,上苍也一定会眷顾我的,你看,今天,我的伤口好了。

2016年5月20日　星期五

昨天下午C大夫给我发来微信,让我今早8点到9楼,他要给我看看伤口。

我在楼口等了好半天,他出来了,给了我一个电话号码,让我找内科的D主任。我上到19楼,不见D主任,发了个短信给她,她让我到特需门诊。

医生确实很忙,我排了个号,叫到我时,后面还有人在等候。我看看表,当时已经快12点了。看病的过程极其短暂,我等了近四个小时,看病的时间也就几分钟。中间她打了两个电话,问有没有床位。除去这个时间,我和她的交谈也就三五分钟。她问我,家里的经济条件好不好?我说,不好也得治病。她开了一个住院单,让我星期一早上到9楼办理住院手续,然后按照治疗方案马上给我安排化疗。

我很开心,盼望着,盼望着,终于盼到要做化疗了。那晚我吃了一大碗饭,差不多是平时的两倍。我知道,我只有使劲吃,才有体力对抗化疗的折磨。

丈夫从云南赶过来的时候,已经快半夜1点了。他给我带来了我爱吃的蓝莓,还有刚采的新鲜的菌子。我们都很兴奋,一直聊到凌晨两点多。可以开始化疗了,这对我来说是个好消息。虽然我知道化疗非常痛苦,我却那么盼望这种痛苦早日到来。毕竟不管多么痛苦,它至少代表一个希望。这个希望就是,只要我能够承受这炼狱般的痛苦,我的病就会好。我就能够活下去。也就是说,半年,最多一年,我就可以像健康人一样,走路,上班,锻炼,过正常人的日子。

到北京快两个月了,除了肿瘤医院和弘善家园,我就没有去过别的地方。虽然潘家园离我住的地方很近,我知道那里是全国闻名的古玩市场,有古书、古董、美玉等售卖,但我从来没有去逛过。

在生命面前,还有什么让我心动、让我挂牵?细细想来,也就是情了。虽然我知道人生除了生死,其他都是小事,但我还没有达到"断有情"的境界。在漫长的求医路上,我相信我会越来越明白什么才是最宝贵的。

	病理报告单	病理号:	623944
送检科室: 乳腺外科1		病案号:	1309476
患者姓名: 崔玉松	性别: 女 年龄: 47	病区-床号:	03床
送检材料: 左乳单纯切除等2个标本		接收日期:	2016年04月12日
补充诊断内容: 大漫润灶免疫组化结果显示:ER(+, 90%中阳),PR(+, 50%强阳),HER2(3+),Ki-67(60%),P53(-),TOP2A(+25%),CK5&6(-),EGFR(-),E-cadherin(3+)。			

2016年5月21日　星期六

丈夫这次来，就是为了把我后续的治疗方案定下来。

他带来好多日本治疗癌症的资料。原来，他真的托了很多人，把我的病理诊断报告单传了过去。日本那边的回复是，做过手术的病人，他们不接收。

我翻看着这些资料，日文原稿和翻译过来的稿子叠在一起，厚厚的一沓，我没有耐心继续看下去。丈夫告诉我，日本那边治疗癌症的机构不是正规医院，而是一家私人办的研究所。他们采用的治疗方法除了食疗，还有热疗。据说，癌细胞怕热，只要人体的温度超过39.6℃，身体里的癌细胞就会被杀死。他说，他还打听到一种治疗方法，叫血疗。就是把病人的血抽出来，过滤后再输进病人的身体里，有点像透析。

我笑着说："算了，我这个人话多，去日本没法跟人交流，搞不好癌症没治好，又得了抑郁症。"丈夫脸一沉，说："别说这些丧气话，不吉利。"他有些遗憾，后悔不该让我早早做手术，失去了去日本治疗的机会。

倒是我，暗暗松了口气。不管怎么说，无论是食疗、热疗，还是什么血疗、免疫疗法，都是一些没有经过验证的治疗方法，我可不愿意当小白鼠，跑到日本去给人家当实验品。

跟着乳房去流浪

2016年5月22日　星期日

D主任已经把我交代给了她的助手,她的助手看了看我的伤口,让我重新去找乳外科的大夫,让他们先把我的伤口处理好再说。

我们又回到乳外科,C大夫不在,说是做手术去了,一会儿上来帮我处理伤口。

C大夫来的时候,还穿着手术服,一看就是刚下手术。我有些不好意思,赶紧说,老给您添麻烦。他笑笑,带着我走进换药室。我掀起衣服,他用刀片划断包扎的纱布,拍拍我的肩膀,说,走吧,可以了。

位于19楼的VIP病房其实跟普通病房没什么区别,却要400多元一晚。我仔细一看,只有一张床、一个简易沙发和一台电视机。我刚躺下,护士就进来了。她叽里呱啦地交代了一番,包括注意事项和病房的收费标准。她说得很快,我没太注意听,但大意基本明白了:除病房一晚的收费标准是400多元以外,护理费、治疗费、检查费也要翻倍,而且所有的费用都是自费,没有纳入医保范畴。我想我的手术本来就是在这家医院做的,检查应该是没有必要了,护理费翻倍也正常,毕竟是VIP病房,护理肯定更加贴心、细致。

今晚我的心情很好,化疗的事终于定下来了,只需按照疗程好好做就行。想到一周以后就能回家,化疗的痛苦似乎也不算什么了。

2016年5月23日　星期一

到医院转了一圈,说化疗前得输液。

按照安排,我得在医院输液。输完液,护士说我的治疗方案里面有埋管。

埋管是一个小手术,VIP的优势在此时显现出来了,不用排队,还有专人引路。丈夫一直陪着我,我们跟着引路的女护工左拐右拐来到了门诊部。我这才知道原来外科楼和门诊大楼是相通的,但是没有一个病人知道。一路上没有遇到什么人,在两栋楼的结合部还有一个保安坐在那里,没有盘问我们。大概没有人引导的话,这条路是不可以随便走的。

埋管的时候很疼,我清晰地感受到皮肉被撕裂的感觉,嘴里忍不住叫出声来。但是为了活命,疼又算得了什么?人只有活着才会感到疼痛,倘若死了就不会疼了,那么这痛感也应该好好珍惜。

左边的伤口还没有好利索,右边又新埋了管,两边都疼。丈夫扶着我慢慢走回病房。我看不到新埋的管,我只感觉到那种撕裂般的疼痛。我低下头,看到一串管子挂在我的衣领上,我的双手都不能乱动,我深深地感受到了一种无奈之上的无奈。

D主任临下班的时候走进我的病房,跟我们商量治疗方案。化疗、放疗、靶向治疗、内分泌干扰一起上,靶向治疗药用的是赫赛汀,这种针剂在云南还没有纳入医保，24500元一支，我得用14到16支。化疗药，她介绍了一种，叫脂质体阿霉素，说副作用会小一些，只是贵，得2万多。我的治疗方案里明确地写着8次化疗、14次靶向治疗，这么算下来，仅药费就得50万元至60万元。

　　这一夜，我是在病房睡的，虽然心疼钱，但我依然没心没肺地睡得很安稳。不知是北京的氧气充足，还是我原本就嗜睡。

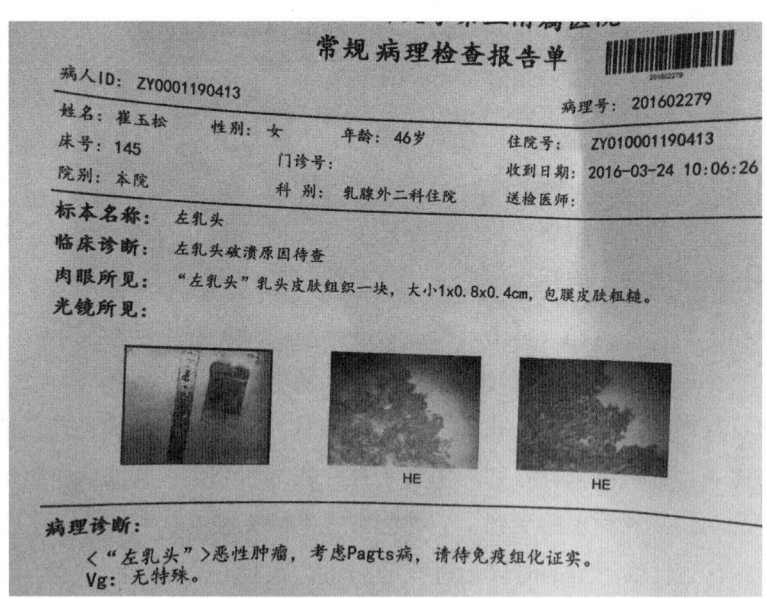

2016年5月24日　星期二

早上起来，护士送来几张检查单，说还得做CT、B超、骨扫描等检查。我问，所有的检查不是在手术前都做过了吗？昨天又重新验了血，为什么还要开这么多检查项目？

丈夫没忍住，打电话给D主任，直截了当地问，为什么还得做检查？手术前不都检查过了吗？D主任有些不高兴，说，不检查怎么知道你的癌细胞转移到哪里了？头部、心、肝、肺，谁知道有没有转移？丈夫问，她这个明明好好的，怎么说得那么严重？不检查不行吗？D主任说，行啊，你们自己负责。丈夫有些生气地说，算了，不行我们就出院，不做了。

挂了电话，我心里有些难受。我抱怨丈夫整什么VIP，什么都翻倍，明明不用检查的，非开些项目让你检查，检查费可是双倍收取。这样算下来，少于一百万怕是治不好了。现在怎么办？丈夫说，乳外科的主任一直建议我们住VIP病房，我怎么知道什么费用都双倍收取？我以为只是病房贵点儿。我说，我不想在这儿做化疗了，不行咱们回昆明去做。丈夫也很后悔，没有办法，只好打电话给朋友，他们介绍了一家著名的部队医院，说那里的后续治疗是全国最好的。

丈夫带着我去了一趟部队医院，一切都很顺利。我们找到E主任，他看了看我的病理诊断报告单，说，时间已经拖得有点长了，得赶紧制定方案开始化疗，不然怕耽误了。

  从医院回来，丈夫又有些犹豫，他说求人太难，加之转到部队医院，也得把每项检查都重做一遍，还得回肿瘤医院借活体生理切片，折腾来折腾去，化疗肯定得推到下星期了。他劝我忍忍，贵就贵点儿吧，这次先这样做，下次不住VIP病房就行了。看着他疲惫的样子，我心软了，点点头答应了。

  吃过午饭回到VIP病房，护士说已经给我办好出院手续了，让我们去结账。丈夫硬着头皮给D主任打电话，她说，你们不是要出院吗？有病人等着住院呢。丈夫说，我们只是说说，她在这里做的手术，医生熟悉她的情况，化疗就在这里做吧。那现在怎么办？她说，重新登记、排队、办住院手续。丈夫说，那得等到什么时候？她说，那就不知道了，病人太多。

  出了病房，我们找护士要我们的押金，护士说管钱的那个人下班了，让我们明天再来。

  这院不出是不可能了。丈夫犹豫又犹豫，彷徨复彷徨，甚至又求人想重新住进去，但最后还是选择放弃。他说事已至此，我们还是到部队医院去做化疗吧。

2016年5月25日　星期三

　　这天无所事事，我想起了石磨山。

　　母亲是小学老师，小时候，我跟着她在一个叫石磨村的地方，度过了一段乡村生活。

　　石磨山在石磨村的右边，正好对着学校。据说村子因此而得名。

　　春天的石磨山，就像从睡梦中醒来的少女，花枝招展地飘到村民的眼前，又跑到了学校里。放眼望去，一片姹紫嫣红。红的是映山红，粉的是杏花、桃花，白的是李花、梨花、苦刺花。绿的，当然是满山的松树和鸡嗦子树，以及房屋旁的竹子和围着村子的野蚕叶。整个春天，花儿如云霞一般飘落在乡村、田野，把石磨山装扮得绚丽多姿。紫白色的萝卜花和远处金黄的油菜花铺满了大地，像一块精美的绣花布。

　　我和小伙伴们脱下厚厚的衣裳，背着篮子、挎着布袋奔上山，把冻死的树用镰刀剔去细枝，一根一根插在篮子的前后两边，中间放着一大捆柴。柴找好后，把柴墩在一个宽敞的地方，我和小伙伴们拎着布袋满山跑，摘花去。

　　苦刺花开得最早。田埂、地头、山上，到处都是。花还没有盛开、还是花骨朵的时候就要赶紧去摘，晚了花瓣在开水里一汆就会随水流走，没法再吃。苦刺花满身是刺，花型较小，摘起来很不容易。摘回家后当天就要用开水汆一下,然后泡在凉水里,每天淘洗一遍,五六天以后才能吃。苦刺花的吃法不多,新鲜的时候,可以用来煎鸡蛋。鸡蛋的味道和花的香味混合在一起,相得益彰,特别鲜美。每年苦刺花开了的时候,我们都会摘很多,泡几天后放在簸箕里晒干,等到冬天没有菜的时候吃。过年扣百合、扣蛋卷、扣韭菜根的时候,也可以用来垫碗。

苦刺花还没有谢,棠梨花就开了,同样也要趁它还是花骨朵的时候摘。同样有刺,不过它的刺比较大一些,容易避开,但是花开在高处,并不容易摘。我们常常让一个人用镰刀勾下树枝,其他人用手拽住枝条开始一朵一朵扯。炒棠梨花的时候,一般用一种豆渣做的豆鼓,放上两粒茴香,也有人用猪肝豆瓣直接炒,想起来就让人流口水。

马缨花只有白色的、盛开的才能吃。摘回家以后,把花瓣一朵一朵摘下来,剔掉中间的花蕊,用开水汆一下捞出,加一个红辣椒、一小块姜,大火一炒就能吃。

能吃的花还有很多,比如槐花、百合花、南瓜花、棕花、芭蕉花、野桑花等等。乡村的春天是食百花的季节,那些既好看又美味的花,是上天的馈赠,现在想起来,奢侈得让人心醉。

2016年5月26日　星期四

从肿瘤医院到部队医院，打车要一个多小时。

依然是没有病床。医生说，先挂床，做检查。"挂床"的意思就是人不占病床，但已经算住院了，依然要收床位费。

长时间往返于各大医院之间，我知道检查是少不了的，一早起来就没吃早点，所以到了医院，办了手续，当场就把血抽了。抽完血，在日间病房休息的时候，两个护士进来跟我谈话，很负责。从什么时候发现症状、怎么发现的到医治过程等等，问得很详细。

护士做完记录，医生又把我叫到办公室，从头到尾询问了一遍，还让我把过去的检查结果全部交给他们看。我忽然有一种很放心的感觉，看病以来，只有这里的医生这么详细地向我了解情况。

走出门来，在走廊上闲逛。医院的环境相当不错，大概是部队医院的缘故吧。墙上挂着本科室学术带头人的简介，我这才知道，原来E主任非常牛，他的专业是"乳腺癌临床研究"，后面有一长串耀眼的头衔：ＸＸ委员，ＸＸ专家，博士……看完他的简介，我抑制不住内心的狂喜，误打误撞，也许我遇到了一个有妙手回春本领的救命恩人。

部队医院有专门的乳腺内科，在这里化疗我很放心。

回去的路上，发现医院的月季开得娇艳欲滴，忍不住拿出手机对着它们拍起照来。换了医院,我的心情好像轻松了许多。

选择就像一次赌博,站在人生的十字路口,我不知道应该往哪个方向走。往南还是往北?往南或许会错过美丽的风景,往北又可能会失去自救的机会。有人说,往南走吧,走得快一点儿,跑到前面去看看,如果一片荒芜,没有你想要的风景再回头。可是,很多时候,机不可失,失不再来,容不得你踌躇、后悔,走错了就永远没法回头。尤其是面对生死选择的时候,容错率几乎为零。

幸好还有一种选择叫不选择,也就是所谓的"听天由命"。但愿我命不该绝。

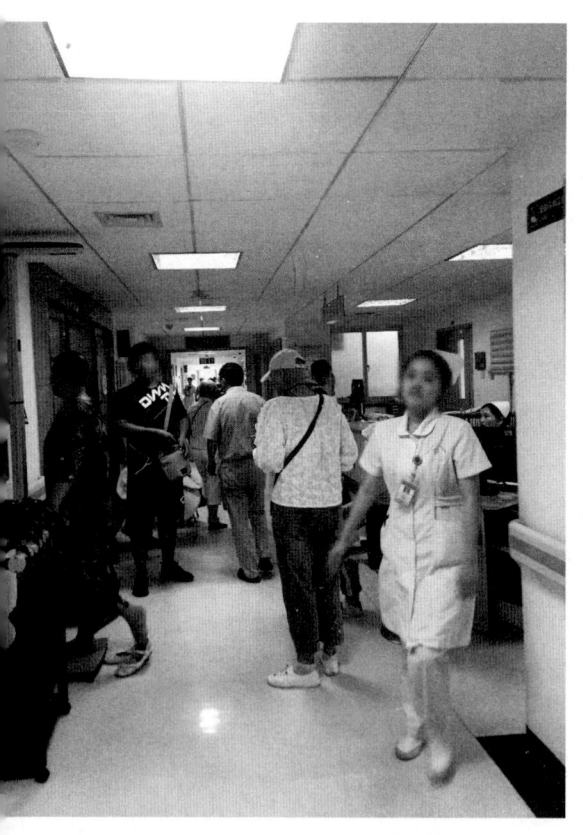

2016年5月27日　星期五

中午1:30，要做PET-CT检查，俗称"派特CT"。这种检查，听说能把人身上所有的癌细胞都准确地扫描出来，病人在检查前6个小时之内不能进食。

我在中午1:30准时来到PET-CT室，人不多。等了20多分钟，进入注射室，护士给我注射了一种显像剂，注射的时候特别疼。

之后，我进入一间休息室。里面已经坐着两个男病人，一胖一瘦，正在沙发上聊天。按照要求，15分钟后，必须先喝三杯水。等我一口气喝下三杯水后，就同他们聊了起来。

按照要求，排尿之后还得再喝水，然后才进入检查室。我爬上检查床，医生要求我两手抱头，我发现我的左手抬不起来，根本无法完成抱头的动作。我努力了一下，左手只能抬到眼睛那里。我用右手抓住左手，努力保持身体的稳定。我感觉这种检查与一般的CT检查好像也没有什么不同，我躺在检查床上，被机器推送着在检查舱里进进出出，对全身进行扫描。我闭上眼睛，按照指令呼气、吸气。僵硬的左手有些酸疼，我尽力忍住。20多分钟后，检查结束了。

我觉得有些饿，就到医院附近的馆子里去吃饭。不知道为什么，闻着那些饭菜的味道，我没有一点儿胃口，只想吃石磨山上的野花和野菜。我是说，我又想石磨山了。

跟着乳房去流浪

在石磨山,春天有很多东西可以吃,蕨菜、沙松尖、灰灰菜、荠菜、黄花草、金刚藤、刺脑包、野芹菜、小油菜、小苦蒜、小野葱……这些东西随处可见,我们经常弄来吃。

等这些都吃过之后,地埂边的琐梅、地莓泡又可以吃了。每天吃过晚饭,我们兄妹几个抬着一个搪瓷缸,到海坝边去摘琐梅,去采地莓泡。琐梅有刺,但是再尖锐的刺也挡不住琐梅对我们的诱惑。我们边摘边吃,吃够以后才往缸里装,每次都能把那个大缸装得满满的。

一把把琐梅吃得厌倦了,火把果也该红了。我妈说,她小的时候,外婆就是用这种野果子把几个孩子养大的。火把果酸酸甜甜,里面有黑色的小籽,外婆用簸箕把火把果打下来,晒干后磨成粉,用筛子筛,尽量把那些黑籽筛掉,然后掺着苞谷面蒸饭吃。我们当然不会把它当饭吃了,更多的时候,它是我们触手可及的零食,用手撸下来,塞进嘴里吃着玩。我一直觉得,那种酸酸甜甜的味道,就是石磨山的味道。

有一种趴在地上长的藤类植物,它的果实有半个头躲在土里,我们管它叫"地瓜",也有人叫它"地石榴"。进入农历六月,我们上山的时候,遇到地瓜藤,就会一人一边,趴在地上扒开叶子,寻找它的果实。找到后,轻轻摘下来,擦干净,用手掰开,里面密密麻麻全是粉色的籽,这些籽非常甜。

羊奶果是一种小小的果子,长条形,表皮有一些小点点,就像人脸上的小红斑。树不高,叶子灰白,花是细碎的白色,没熟透之前可千万不能吃,吃了感觉舌头变得又涩又厚。用云南话说就是"绑嘴"。羊奶果成熟的时候味道很特别,新鲜多汁,美中不足的是核有点大,总给人一种吃不够的感觉。这种野果,离开石磨村以后,我再也没有见过,但它的味道我却怎么也忘不了。

2016年5月27日　星期五

　　老米粗长得跟羊奶果有点像，表面上也有一些小斑点，好像人脸上的红斑。只是羊奶果是长条形的，一串一串，像耳坠子；而老米粗是圆形的，一朵一朵，比羊奶果小一些。弟弟小的时候，体质很差，动不动就感冒发热拉肚子。有一次妈妈带着我们去外婆家，走到半路，弟弟拉起了肚子。没有办法，妈妈顺手将路边的老米粗摘了几朵给他吃下去，晚上到了外婆家，他居然啥事也没有了，肚子也不疼了。

　　我们还吃过野葡萄、野棠梨，挖过野土瓜、豆生根，刨过茅草根、麦冬根，摘过栽秧果、鸡嗉子。茅草根白生生的，有点像则耳根，但没有则耳根的腥味，是甜滋滋的。我们常常从土里刨出茅草根，放进嘴里咂摸那种绵长的甜味。

2016年5月28日　星期六

  5月25日，百岁老人杨绛先生在北京去世了。那一天，我正在为化疗的事犯愁。听到消息，我有些伤感，为杨先生的去世，也为自己不确定的未来。细细回想，杨先生的一生足够圆满，没什么遗憾，而我自然也会平安顺利，没有什么可忧虑的。

  因为都是女人，所以对杨绛先生的关注便多于对男作家的关注；因为都是女人，所以对杨绛先生的爱情、婚姻、家庭便多了一些羡慕；对她后天的修为，或者说是由文字熏陶出来的修养和气度，更是由衷地敬佩。

  我不是一个会读书的人，甚至不知道该读什么书。读书常常是率性、随意的，喜欢的就读，不喜欢的就不读，就这么简单。我读了钱锺书先生的《围城》，记住了那句家喻户晓的名言："城里的人想出去，城外的人想进来。"通过钱锺书先生，我知道了杨绛先生。我读过她的译作《唐吉诃德》，还读过她的随笔集《我们仨》和《干校六记》。

  我钦佩杨绛先生的睿智、豁达，惊叹世间竟有这样的女子，始终以干净、从容的文字，记录着生命中的每一次感动、每一份悲苦。无论是在干校的"改造"，还是对唯一爱女的追忆，她总是不动声色、不着痕迹，以淡然的文字书写着对生活的感悟。

2016年5月28日　星期六

　　杨绛先生是真正的才女，是世上最完美的女子。连钱锺书先生都说："杨绛的散文比我的好，是天生的好，没人能学。"杨绛先生是学者、作家，也是慈母、贤妻。对于钱锺书先生来说，她是灵魂之伴侣，也是知心爱人。她时常安慰笨拙的丈夫"不要紧，我会修""没事，我会洗"。钱锺书先生临终时，她依然是那句话"你放心，有我"。

　　我不知道一个女子需要有怎样的胸襟，才能走完这长达百年的路；要怎样地隐忍和克制，才能把一个家庭经营得这么好；要怎么通透、豁达，才能在丈夫、女儿离去后的18年里依然把每一天过成每一天该有的样子。

　　《我们仨》里有一个场景，钱锺书先生生病住院后，阿圆一再对她说："娘，不要愁，有我呢。咱们明天就能见到爸爸了。"我想，"明天"是他们仨重逢的日子。

　　这样的日子，北京下雨了，我的心却是温暖的。杨绛先生早已说过："火萎了，我也准备走了。""我无法确知还能往前走多远，但我很清楚我快'回家'了。"

　　我相信，5月25日是她回家的日子，她走的时候一定是平静、安详的。

2016年5月30日　星期一

我决定，从今天起，买一个大大的篮子，过滤抱怨，积攒幸福。

早上丈夫没有吵醒我，悄悄起床，买回早点。这是我收集到的第一笔幸福。

输着液，中午饭没法自己吃，丈夫一口一口喂我，这是第二笔幸福。

手术的伤口好了，我们出去吃了顿饭，我给自己买了份礼物。

不必晒我所有的感动与幸福，只要慢慢往篮子里装就行了。突然冒出一个念头，其实幸福一直都在，我要做的或许只是两个字：珍惜。

在部队医院，我的病床号是23号。病房里有两个病友，其中一个是河南人，性格非常爽朗。她的治疗方案是做4次化疗，已经是最后一次了。她说，本来以为做完最后一次会很高兴，但她还是高兴不起来。她的左乳也是全部切除，前哨没有病变转移，腋下有一个转移。为确保万无一失，医生给她制定了4次化疗方案。因为化疗，她的头发全部掉光了，人也胖了10公斤。

她的化疗方案跟我的不一样。我需要做8次化疗。看来，我的病比她严重多了。对于掉头发我有心理准备，但化疗会让人变得这么胖真的出乎我的意料。

2016年5月30日 星期一

　　我还在想我的石磨山。山里的一切都是绿的，树是绿的，草是绿的，只要是眼睛看得到的地方，全是密密匝匝的绿。就连空气都是绿的。一到山上，我的心也被染绿了。踩着软软的绿，看着远远的绿，只见高大的松树从满地的蕨草丛里使劲往上长，把头伸进雾蒙蒙的云里。黄色、紫色的小花从草丛里探出头来，向满山的绿得意地炫耀着自己的颜色。远处那片褐绿色的灌木，安静地挺立着，看着山里的春去春来、花开花落，看着哭哭笑笑、忽悲忽喜的我们。

　　雨后的早晨，一只大公鸡扯着嗓子一叫，整个村子就醒过来了。我们一骨碌爬起来，背上背篓和村里的小伙伴一起跳着、闹着，嘻嘻哈哈朝石磨山走去。

　　突然，世界仿佛静止了一般，静得可以听见风吹绿叶的声音，静得可以听见鸟儿扇动翅膀的声音，静得可以听见自己心跳的声音。

　　我不敢说话，我害怕稍有不慎，就会打破这份寂静。

2016年5月31日　星期二

今天输辅助药水,为明天的化疗打基础。

病房里又住进来一个山西的老师。

今天是主任大查房。护士先进来检查了一遍,要求我们必须穿上病号服,而且要把床上的被子叠整齐。E主任进来了,医生给他介绍病人的情况,他居然对每个病人都有印象,我猜他确实参与了病人化疗方案的制定。

河南病友说,化疗以后呕吐得非常厉害,一个疗程之内,吃什么吐什么,喝点水都会吐出来。E主任看到我,问:"开始化疗了?"我说:"今天输辅助药水。"他对我的管床医生说:"23床可以做靶向治疗,4次化疗以后加上靶向药。"他朝门外走,我悄悄问我的管床医生:"是不是化疗后个个都吐得厉害?"管床医生问:"你怀孕的时候反应大吗?"我说:"还行,不怎么大。"他说:"那应该没问题。"

这家部队医院乳腺内科的化疗是个性化治疗。在这个病房,我的病算是最重的,自然我的化疗方案就更为周密一些。不知道我的反应厉害不厉害,但管床医生的话还是让我有些窃喜,或许,我不会呕吐吧?

晚上,我睡得不是很安稳。

2016年6月1日　星期三

今天开始化疗，医生把我们叫到办公室，告诉我们用的是哪些药。

我的主治医生极其认真地介绍各种药物，什么吡柔比星，什么环磷酰胺，什么护心护肝针剂。什么药贵，什么药便宜，什么药副作用大，什么药副作用小，介绍得非常详细。我听得恍恍惚惚，如坠云里雾里，但觉得医生很负责，悬着的心还是放了下来。

化疗开始了，护士说，先输的三袋药都是辅助药，第三袋输完，吃一颗预防呕吐的药，第四袋就是化疗药水了。化疗药水必须在20分钟内输完。

化疗药水是红色的，用布袋包着，有些特别，我心里有点虚。护士交代说，这种药水输了以后会排泄红色的尿液，是正常的，不要害怕。

我不害怕，我毕业的时候，被分配到一个山沟沟里的三线工厂，离镇上有7公里呢，我都不害怕。

只是，每天机械地上班、下班、回宿舍，我的心宛如荒凉的原野，长满了枯草。

直到有一天，经过一片菜地，是工厂某个家属开垦的，地的四周用一些低矮的枝丫做栅栏，栅栏下长满了喇叭花的小苗，我的心忽然动了一下,感到一种从未有过的生机从心底冒了出来。

吃过饭,我找了一根树枝,挖了几株喇叭花苗,回到宿舍找到一个小木箱,把它们栽上,浇上水。

过了几天,喇叭花的叶子变得粗壮强健起来,又过了几天,喇叭花开始牵藤。我从车间找来一团线,拴在窗户上,喇叭花就顺着我给它牵的线一路往上蹿,不几日就爬上了窗户的铁栏,迎着阳光盛开了。白的、粉的、紫的,我感觉我的宿舍成了单身楼里一道最美的风景。周末的早晨,当我从睡梦中惊醒,居然有两只小谷雀站在我的窗户外"叽叽喳喳"地叫着闹着。

从此我爱上了花,爱上了这个绿树成荫、花开满枝的山沟。每天下了班,我都要上趟山,野玫瑰、映山红、格桑花,总要采回一捧装饰我的小屋。因为花的陪伴,我慢慢地不再害怕独处的寂寞。

后来,我换了工作。有一年,带烈士家属到一个很远的边境县城扫墓,临走前一天的晚上,局长的妻子,平时被大家亲切地唤作"嫂子"的女人找到我,给了我一包喇叭花的种子。她告诉我,她的弟弟也葬在那儿,她让我去扫墓的时候,代她把喇叭花的种子种在弟弟的坟上。

遵照嫂子的嘱托,我绕着那片坟地把喇叭花的种子撒了一圈。多年来,我一直记挂着烈士坟头的那些喇叭花。我常常在梦里梦到,喇叭花的种子悄悄钻出了泥土,奋力地延伸着茎蔓,慢慢地爬满整座坟。坟头那几朵花的藤蔓垂下来,红色的、紫色的、白色的花,盛开在烈士陵园里,挂着晶莹的露珠。

我知道,那些喇叭花,已经永远地长在了我心里……

中午1点左右输液结束,我除了觉得困,好像也没有怎么不舒服。

病房里很热闹,不时有原来的老病友进来聊天、问候。大家都

2016年6月1日　星期三

光着头，看到我的长发，都知道我是第一次化疗。山西来的老师说，医生的话太准了，说第十四天掉头发，结果到了那天，果真一大把一大把地往下掉。她说，她当时特别没出息，竟然忍不住号啕大哭。

我不知道我的头发哪天会掉，我也不知道我会不会号啕大哭。我虽然有充分的心理准备，但我真的不敢想象，到了那个时候，我会怎么样。

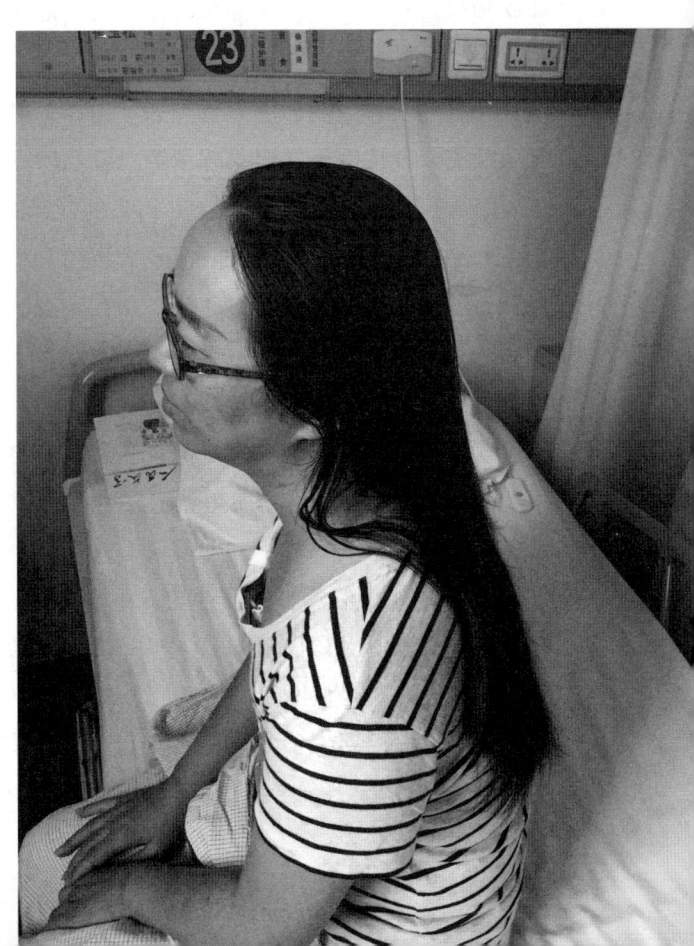

跟着乳房去流浪

2016年6月2日　星期四

化疗的反应好像还不是特别明显。早上丈夫给我熬了小米粥，我必须尽量吃点东西，才能熬得住药水的摧残。

今天又要输辅助药水，我心里轻松了许多。除了有一点恶心厌油，我真的没有太明显的感觉。病友说，一般要到第三天第四天才开始反应。我按医生的要求吃了第二颗预防呕吐的药，等着输液。

每天例行的查房开始了，见到我的管床医生，我又忍不住问："我什么时候会掉头发？"他说："大概第二个疗程结束，第三个疗程开始的那几天吧。"

一上午的输液还算轻松，我确实没有胃口，午饭就吃了几口。总想着我们云南用玫瑰花做的菜。

玫瑰花在云南，如果只是把它作为爱情的使者，那就弱爆了。

我们是会把这些有着美好寓意的花，做成一道道菜的。

小的时候，院里种了一棵玫瑰，花开了，我会把花瓣一片片摘下来，清洗、晾干，加白糖拌匀，用蒸锅蒸好，冷却后装入瓶内，夏天喝木瓜水的时候加上两勺，香甜解渴。在那个物资匮乏的年代，在我们眼里，这是世间少有的美味。

成家以后，偶尔采到玫瑰，我会在花瓣里掺入面粉、鸡蛋、白糖，搅拌均匀后，用油煎炸，一片片花瓣变成了一块块香脆的面片。

2016年6月2日　星期四

如果没有时间，我就用土鸡蛋煎玫瑰，也会用它来炒肉片，不管哪种做法，都能很好地锁住玫瑰花那特有的香味。有朋友说，玫瑰花还能凉拌，加上少许白糖、醋、蒜泥，腌上一阵就是一道凉菜。

其实在云南，可以用来入菜的花还有很多，苦刺花、小角花、棠梨花、百合花、菊花、石榴花、鸡蛋花、芋头花、梨花、核桃花、洋槐花，等等。每年春天，这些花随便在哪家都能吃到，或蒸或煮，或煎或炒。对于云南的女人来说，用鲜花做成一道道美味可口的菜肴只是寻常小事，几乎人人都会。

在我看来，云南的女人也如这一朵朵鲜花，散发着沁人心脾的芳香。

2016年6月5日　星期日

化疗的第一个疗程结束了，今天终于可以回家了。我来北京治疗了两个多月，这是第一次回家。

飞机上的三个半小时，我似乎一直在迷迷糊糊地睡觉，没有太大的不适。

回到家，六弟已经把表姐接来了，还买了很多菜，正在做饭。丈夫让外甥去接我妈，公公婆婆也赶了过来。我没有精神和他们说话，坐了一会儿就上楼躺着去了。

妈妈过来了，看到我状态尚可，似乎放心了一些。弟兄姐妹们陆陆续续地都过来看我，我觉得又欣慰又疲惫。

从确诊那天起，我就注定得在北京和云南之间飞来飞去，按医生的方案进行治疗。我的治疗方案制定得很周密，几乎癌症患者能采取的治疗手段——手术、化疗、放疗、靶向治疗、内分泌治疗都得做。如今，治疗刚刚开始，万里长征才走完第一步。时间像水一样慢慢流去，我的病也能随着流逝的时间痊愈吗？我不知道，我也不愿多想。

化疗回来，我必须得在家中待一周左右，免疫力太低不能出门，全身酸痛。一周以后要连续到医院查三次血象，如果白细胞不是太低的话，我就可以戴上帽子、披上外衣，裹得严严实实，到公园里人少的地方看花、看蝶。

2016年6月5日　星期日

　　我常常看到年迈的老人带着年幼的孙儿到公园散步，一老一小，凸显出生命的沧桑与蓬勃。时间在流逝，生命在延续。老的牵引着小的，小的成长得越快，老的便衰老得越快，必将在某一日离开。明明知道这是人生永恒的轨迹，长者却依然满心欢喜地盼望孩子长大。想起女儿小时候曾仰起脸问："妈妈，是不是等我长大了你就老了？"我说："是啊。"女儿说："那我就不长大了。"女儿稚嫩的声音还在耳畔回响，但她还是像一棵白杨那样，迎着阳光，长得亭亭玉立了。我虽然不知道我还有多少时间，但想想女儿，我依然感到幸福和满足。长大是一件美好的事，我们常常因为这些美好忘记了时光逝去、老之将至。

　　木心说过，一个人到世界上来，来做什么？爱最可爱的、听最好听的、看最好看的、吃最好吃的。那么，在有限的生命里，读好书，看美景，吃美食，和直、谅、多闻的人做朋友，把一天当两天过，不亦快哉。

　　时光如水淡淡流，日复一日，或许漂走的是鲜花，或许漂走的是落叶。无论带走什么，时光并不自知。无论带走什么，时光依然寂静无声，不悲不喜。人生不也是如此？有的人走得慢，有的人走得急，不管是走得慢还是走得急，都是人生。夏花自有夏花的灿烂，秋叶也有秋叶的静美。每个人的人生各不相同，相同的是都有谢幕的时候。或早或晚，都无须悲戚。与其抱怨命运的不公，不如淡然处之，坦然面对。就让时光淡淡流去，就让生命顺其自然。

跟着乳房去流浪

2016年6月8日　星期三

这天无事,我突然想起了一个叫香君的女人。

女人姓什么我已经记不清了,只记得她叫香君。上海知青,非常漂亮,高高的个子,稍微有点胖,脸色红润,皮肤白嫩,留着短发,因为她是上海人,所以老乡们叫她那种发型为"上海头"。她说话跟唱歌一样,用村里人的话说,就是她说话"造得很"。据说她是全公社二十多个知青中长得最好看的,手又巧,会踩缝纫机,一块布料交给她,不出两天就会变成一件漂亮的新上衣、一条合身的新裤子。

知青的到来,尤其是香君的到来,像一块石头丢进了学校下面的海坝里,在我们村溅起了层层浪花。她就住在学校,每天早上起来一推开房门,就会看到一捆小白菜、两棵莲花白,或者几个青辣椒、青苞谷、茄子,有时候还有一小箩筐洋芋。不知道是谁送的,反正我和哥哥悄悄地把我们家的窗户纸用舌头舔开一个口子,躲在后面侦察了好多天,就是没有看到是谁送的。我跟哥哥讨论过这个问题,我怀疑后面柴家坟塘又闹鬼了,后来仔细观察,她的脸色很好,不像撞着鬼的样子,最后我们一致相信是教室旁边那棵大柳树变成精给她送来吃的喝的。

她常常用那几个男教师从大老远的地方帮她挑来的水洗头。洗

2016年6月8日　星期三

头的时候,她用茶壶把水烧热,提到门口,再在一只桶里装满冷水,用上海香皂洗她的短发。那块香皂的味道好闻得很,但我们表示非常鄙视。她常常在她的房间里哼唱好听的歌曲,早上起来开门倒水的时候,她身上还有一股又香又甜的雪花膏味。我哥严肃地说,这个女人一定是个资产阶级家的大小姐。

她分不清麦苗、韭菜。麦苗返青的时候,她会对河埂上放牛的李大爷说,大爷,这下面那么多青草,你为什么不把牛赶下去吃?夏天捡菌子的时候,她捡回来一篮子,拿过来给我妈看,几乎全部有毒。她不会蒸苞谷饭,只好常常吃煮洋芋。青苞谷可以吃的时候,她会煮苞谷吃。我妈经常把她叫到我们家吃饭。我打心眼里不喜欢这个漂亮的绣花枕头。

下过雨,就到了生产队出工点苞谷的时候。她穿着一双黑皮鞋,刚出校门,就陷进稀泥巴里,鞋子被拔了出来,她只好把裤腿卷起,提着鞋子回宿舍换。那时,我听到她嘤嘤抽泣,高兴得和哥哥击了一下掌,悄悄咧着嘴笑。

她在学校好像没住多久,在我还很讨厌她的时候,她忽然嫁给了学校的陆老师。陆老师是学校里长得最帅气的老师,教数学,玉树临风,温文尔雅。天天穿着一件褪色的蓝衣服,虽然上完课回到家里还要做农活,但他的衣服永远干干净净。其实之前也从没有发现他们有过什么接触,每晚煤油灯照出的影子里也没有看到过陆老师的影子,不知道他们什么时候好上的。我虽然见陆老师帮她挑过水,但陆老师还帮我们家挑过呢。

当陆老师把她娶回家的时候,我心里还是有些郁闷。不知道是因为香君走后,学校里又只剩下我们一家,还是因为她走后,我们兄妹几个少了一些话题和乐趣?我想了好几天,最主要的还是不放心陆老师娶一个资产阶级家的大小姐做媳妇。我想象陆老师的日子

跟着乳房去流浪

一定过得非常悲惨，她这个剥削阶级一定会让我们最尊敬的陆老师生活在水深火热之中。

他们结婚后，陆老师依然每天来上课，那件蓝衣裳不穿了，常常穿的衣服变成了灰色的涤盖棉中山装，听说是香君从上海买来布，亲手给他做的。陆老师更加温和了，笑容也更灿烂了，给学生上课的时候也开始"造声造气"起来。我妈说，人家说的那叫普通话。看来我的担心纯属多余，慢慢地我也就放松警惕，忘记了这个资产阶级大小姐。

快过年了，爸爸从城里回来，给我和姐姐扯了两块布，我妈带着我们去香君家，请她帮我们做衣裳。她搬离学校后，这是我第一次见她，她已经是两个娃娃的娘了。她用一根小皮尺，在我的肩上、手上、腰上比比画画，用笔记着什么，又从我的胸前量到身后，最后，从领口量到脚边时，她温和地笑了，对我妈说，这孩子越长越好看了。

在那一瞬间，我忽然喜欢上了她。

量完衣服，她留我们吃饭，妈妈推辞了半天，答应了。她煮了盐水洋芋，用青辣子和豆瓣酱炒了个猪肝，用干酸菜烧了个酸菜汤，好吃极了。尤其是炒猪肝，挑一点放在洋芋上，再喝碗酸菜汤，吃得我痛快至极。

后来，我妈调到城里，我们再也没有见过她。听说上海知青返城的时候，她还是回了上海。陆老师也跟着调了过去，只是改行进了印刷厂。

再后来，听说他们还是离婚了，陆老师又回到云南，住在儿子家。

2016年6月9日　星期四

今天是端午节。

童年的时候我是吃不到粽子的，我们老家缺水，没有田，连稻米都很少，又哪里舍得种糯米。没有水就没有粽叶，也不放假，更没有心思慢慢坐着泡米、包粽子、煮粽子了。我们甚至不知道有端午节吃粽子的习俗。

那时候最奢侈的事就是煮上一锅蚕豆，蚕豆里放上几瓣大蒜。条件好的人家，还会到地埂边挖一些茯草煮几个鸡蛋。把鸡蛋煮成土红色，又好看又好吃。一年之中，只有端午节和生日这两天可以吃上这种煮鸡蛋。一般来说，我们是舍不得吃的。我们把煮好的鸡蛋小心翼翼地装进衣兜里，不时地用手摸一摸，生怕它不小心掉出来打烂。

姐姐蛋白过敏，不能吃鸡蛋，一吃肚子就疼。不过，对于这个一年两次的特殊待遇也是断然不能放弃的。我玩了一天，把鸡蛋敲碎，在两只手里滚滚，剥去外壳，一点一点把鸡蛋吃到肚子里之后，就像个跟屁虫似的跟着姐姐，盼望她玩够以后能把鸡蛋赏给我吃。姐姐总是装作不知道我的心思，对我视而不见。她总是把鸡蛋玩得发臭后丢进厕所里，好像从来没有发现我吃了属于我的两个鸡蛋，还想吃。

跟着乳房去流浪

端午节这天,我们老家还有一个很特别的习俗——游百病。人们吃过煮熟的蚕豆蒜瓣之后,就会兜里装着芡草煮的鸡蛋去爬山。据说,这一天山上的草只要是绿的都可以吃,而且能治百病。妈妈带着我们跟着村里的人背着背篓去到山上,挖草药挑野菜砍柴聊家常。这一天好像是大人们最放松的一天,也是孩子们最开心的日子。

此时此刻,我多么希望我也能装着芡草煮的鸡蛋去爬山,吃一把山上的绿草,我的病就好了。

2016年6月12日　星期日

　　昏昏沉沉地躺了三天后，我感觉我的精神好多了。

　　按照医生的要求，化疗后第七、第九、第十一天，我到医院查了血象，白细胞分别为0.38、0.32、0.44，正常值为0.41，说明第十一天的时候，我的白细胞已经达到了正常值。我将检查结果反馈给了我在北京住院时的管床医生，他连连说，挺好，挺好。随着血象的正常，我的精神也好多了。不下雨的时候，我和表姐就会到外面走一走。

　　血象的上升，让我对自己的身体充满了信心。或许我能够安全地完成全部的疗程，重新找回我的健康。

　　月亮又亮又圆，轻柔飘逸的白云萦绕在月亮周围，使月亮显得更加皎洁明亮，黑夜里同样看得清四周的景色。

　　此时，我们走在老街的青石板上，古朴的建筑、朦胧的灯光，让人觉得仿佛回到了远古时代，止不住思绪纷飞。

　　闹市里人来人往，一片繁忙景象。商家促销的声音像聒噪的蝉鸣此起彼伏。骑车的男人把车停在路上，同商店门口的女人调笑。老街尽头，一排排烧烤摊在昏黄的灯光下烟雾缭绕，卖水果的老太太捏着一根树枝晃来晃去，驱赶着蚊虫……

跟着乳房去流浪

忽然渴望爬上山岗,独自享受这一轮满月皎洁的光芒,还有我自己丰满的思想。

2016年6月13日　星期一

我有点感冒，觉得很累，浑身没劲儿，头也昏昏沉沉的。

吃过早点，表姐陪我在小区里走了两圈，回来后我就一直在床上躺着，居然昏昏沉沉地睡着了。吃过午饭，又困得不行，连忙上楼，连衣服都懒得脱，又倒在床上睡了过去。其间手机的铃声响了两次，醒来以后把手机关了接着再睡，再次醒来已是晚上6点多了。

晚饭后略有好转，走了四圈，本想写点什么，却打不起精神。我不是一个喜欢锻炼的人，情愿用最舒服的姿势半躺在沙发上翻闲书、玩游戏，或者写写文章，然而我还是坚持走完一万步才回家。

生命对于我们只有一次，我明白得太晚，领悟得太迟。只好坚持走路，把喜欢的事情放在后面，给健康让出位置。

2016年6月16日　星期四

不知道为什么,这次回来,来看望我的朋友中,最让我感动的是甜枣。

甜枣的经历非常特殊,女儿17岁的时候从学校的教学楼跳楼自杀,8个月以后甜枣的爸爸妈妈也相继去世。第二年,老公提出离婚,因为想要一个孩子。生活的打击让她几乎崩溃,她患上了抑郁症,几次自杀被救下以后,加入了一个叫"爱在珠江源"的公益组织,慢慢地居然变得开朗起来,身体也逐渐好转。知道我生病了,她发微信说请我吃饭,我说不能外出。她又说要来看我,我说,好。

今天下午,她带着紫色的桔梗花来了,坐的时间不长。她告诉我她已经两个月没吃药了,新交了一个男朋友,准备开一个汗蒸室等等。看着她的生活已经步入正轨,我真替她高兴。

我写了一段话发在朋友圈,似乎有些矫情,其实真的是我的心里话。我希望自己也能像她一样慢慢恢复健康,并以此感谢所有关心我的亲朋好友。

我带走一枝紫色的桔梗,那是你给我的关爱。曾经用我的善良、热情走近你,以为我点燃了你生活下去的勇气。相约走过花香鸟语。向山村学校奉献爱心,在做公益的道路上找寻生存的意义。你说你

2016年6月16日 星期四

　　走出了阴霾，不再哀怨抑郁。闲暇的时候和朋友徜徉花间，花开花落都美到极致。你明白美好的东西不能强求只能随缘，受伤的心开始痊愈。你说你要好好活着，替女儿看尽世间繁华、尝遍红尘冷暖。你说你的亲朋好友一直陪伴着你，给你关心和鼓励。

　　你用你的经历告诉我，生活总会在最快乐的时候让我们措手不及，却没法打倒我们生存的意志。你的亲人一个个离你而去，你却用力擦干眼泪，迎接明天的太阳冉冉升起。

　　当你捧着鲜花出现在我的门前，红色的裙子在绿荫中格外鲜艳夺目，连太阳都不敢正视。支离破碎的命运无法击垮你生活下去的勇气，我又怎能不用笑脸迎接生命的考验？不敢说我能无畏地笑看人生的风风雨雨，至少我能心平气和地接受命运给我设下的这个局。走过去，天地会更宽广更美丽。鲜花盛开，阳光满地，人生没有过不去的坎儿，逢山开路，遇水搭桥，累了就休息。

　　桔梗花没有香味，带着一丝淡淡的哀愁。它告诉我人生不可能尽善尽美，生活也无法事事如意。无论上天给予我怎样的人生际遇，我都会在心里种一束花，并且好好珍惜。

　　友谊不是饭桌上的推杯换盏、虚与委蛇，不是毫无原则的相互吹捧，而是默默关注，当你陷入人生低谷时轻轻走近你。什么都不必说，一个拥抱足矣。相逢一笑花满树，历尽千帆月无声。

　　感谢所有关心、关注我的亲人和朋友。我的人生因为你们而变得有意义。你们给予我的一切，我会加倍珍惜。

2016年6月18日　星期六

今天是第一次化疗过后的第十八天。早上洗漱的时候,梳子一梳就带下许多头发,我捻着那缕缕发丝对自己说,开始了。该来的终于来了。

我知道化疗会掉头发。同病房的病友们说:"第十四天,头发就成把成把地往下掉。"我很顽强,硬是多坚持了四天。别小看这四天,曾经给予我多少侥幸和希望。我不止一次地在心里默默祈祷,祈祷我可以成为化疗史上的特例,但是我也知道这是不可能的,所以没有像同病房的病友那样瞬间崩溃,号啕大哭。只是当这一刻不可避免地到来的时候,我的心还是锐利地疼了一下。

我不知道该做什么,于是跑到美发厅剪头发。师傅拿来平板电脑让我选样式,我心不在焉地说,你就按我的脸型剪吧。发型不是很满意,但我已经不再挑剔,其实这短发又能坚持几天呢?终会像秋风扫落叶一样,扫个干干净净。

五号发型师小王冲我热情地笑笑,说,姐,好久没来了!

是啊,好久没来了。

大约是一年前吧,我走进这家美发厅的时候,小王刚来。小伙子长得很精神,手脚也特别勤快,我刚进门就急急忙忙招呼我,帮我洗头。洗头时笨手笨脚的,一会儿水太凉,一会儿又把洗发水弄

2016年6月18日　星期六

到我的耳朵里。我忍不住问道，新来的？他有些不好意思，轻轻回答了一声，嗯。我担心他太紧张，忙跟他聊天。原来这个叫小王的孩子跟我女儿一样大，来自农村，是家里的老三。由于舅舅手有残疾，一直找不到媳妇，小王出生后15天就被母亲送给舅舅当养子。6岁的时候，母亲因病去世。13岁那年，舅舅终于娶到也有一点残疾的老婆，接着又生了个漂亮健康的大胖小子。舅舅收入有限，无法养活四口人，就把小王又送回原来的家。爸爸似乎不喜欢他，一喝醉酒就动手打他。而他，只读到小学三年级就再也没有进过校门。

　　小王的爸爸由于长期酗酒，在他17岁的时候也离开了人世。小王和哥哥姐姐一起把爸爸埋葬以后，他就跟着村里的人出来打工。由于书读得少，他只能做些挑砂浆、搬砖头之类的力气活儿。加之年纪小，体力不支，每月挣的钱只够养活自己。后来，经朋友介绍来到美发厅，想学门手艺在社会上立足。

　　不知是因为这孩子跟我女儿同龄，还是因为他身世可怜，后来我每次去，都让他帮我洗头，这样他可以多挣一块钱的工资。每次洗头的时候，我都会跟他聊聊天，鼓励他好好学手艺。

　　每次我给他忠告的时候，他总是很认真地听着，轻声答应着。他总是给我用最好的洗发水，很认真地帮我洗头，一边洗一边问，力度合适吗？要不要再洗一遍？从来不会向我推销洗发水、护发素之类的产品。老板给我吹头发、做发型，或者做护理的时候，我会跟老板开玩笑，让他好好教教小王。我说，这也是积德行善的事。教会他手艺你就拯救了一个人。老板其实也很年轻，每次我说的时候都爽快地答应着。

　　上个月我去的时候，小王已经会剪头了。见我进门，很热情地跑过来帮我洗头、吹头、做护理，吩咐发型助理调焗油膏、拿吹风机、递剪子。我笑着问他，学会了？他说，还没全学会，女人的发型总是吹不好。我说没事,继续努力吧。

  今天我去的时候,他正在给客人剪发、吹发、做造型。我偷偷问老板,这一整套他全学会了?老板笑道,进步挺快的,全学会了,已经是合格的发型师了。老板又说,跟他一起来的那几个全走了,只剩下他一个了。开美发店的,一般留不住人。要不就是吃不了苦半途而废,要不就是学到手艺后自己开店去了。只有他,能吃苦,又没有资金开店,就留了下来。

  我走出美发店的时候,回头看了一眼,看见他在店里向我招了招手。雨停了,太阳出来了,明晃晃地照着大地,这个城市一下子亮堂起来。

2016年6月19日　星期日

今天是去北京进行第二次化疗的日子。

等飞机平安降落，我们打车来到市区、找到宾馆、吃过东西住了下来，已经是深夜12点多了。

扪心自问，我算得上是一个善良的人，但这是我真实的样子吗？其实也不见得。虽然我看起来人畜无害，但在受人欺负的时候，我内心的怒火同样滚烫地燃烧着，我暗暗诅咒那个欺负我的人会被天打雷劈。竞争上岗的时候，我显得毫不在意，但在落选的那一刻，我同样会愤愤不平地想，他们哪点儿比我强？爱上一个人的时候，我可以不顾一切、毫无保留地付出我的所有，但那个人若伤了我的心，我会变得冷酷无情。在工作中给我设过套使过绊的人，我会以极大的耐心和忍耐力"眼见他起高楼，眼见他宴宾客，眼见他楼塌了"，他遭殃的时候我同样会幸灾乐祸。大部分情况下，我都会慷慨地帮助贫穷的孩子、孱弱的老人，但在我情绪不好的时候，我同样会对世间的悲苦无动于衷。

我害怕看到真实的我，我害怕看到人性中丑陋的一面。

真实的东西不一定美丽，美丽的东西却很真实。

跟着乳房去流浪

2016年6月20日　星期一

父亲节到了,到处都是祝福的声音,连空气里都洋溢着浓浓的亲情和幸福的味道。此时,我忽然不可抑制地想你。父亲,我好想守护着你,哪怕就一天,就今天。

天色渐渐暗了下来,这是一天中最凉爽的时候。邻居一家出来散步了,儿子和媳妇在前面领着他们调皮可爱的孩子,父亲、母亲走在后面,一边走一边说着什么,笑得如孩子般纯真。我独自走在街上,路旁的馆子里热闹极了,生意好得不可思议。玻璃窗内,一家人正在举杯,中间那位鹤发童颜的老人幸福地笑着。远处传来阵阵爆竹声,不知道是新开了一家商店还是馆子,抑或是在给父亲做寿?

父亲,此时已经逝去八年的你在哪里?有没有人为你煮饭、洗衣服?爱干净的你是否还会把身上的衣裳穿戴得整整齐齐?脚上的鞋是不是依然擦得没有一丝灰尘?我不知道,你走的时候为什么要穿上那种老气而又难看的绸装。他们说,这是流传了千百年的风俗。我多么希望你依然穿着西装、系着领带,永远是那副气宇轩昂的样子。我不知道,当人们七手八脚地给你穿上黑黑的长衫、戴上黑黑的帽子,一向在意形象的你愿不愿意?

八年了,平日里我可以假装忘记,可是每年的父亲节,我总会

2016年6月20日 星期一

不由自主地想你。你的身影总会在这一天出现在我的脑海里，你总是威严地说："成钢成铁都行，但千万不能成渣……"

　　下雨了，淅淅沥沥的雨一下就不愿停止，犹如我想你的心不会停息。父亲，你知道吗？我多想守着你，再为你做一桌你喜欢吃的饭菜，让你开开心心地过个节；我多想开口问出那从年少时就一直埋藏在我心底的困惑：是不是所有的父爱都意味着严厉？

　　对我来说，这是一个没有父亲的父亲节。

　　父亲，每年的这一天，我都会在心里静静地守着你，一遍又一遍回忆你陪我成长、我陪你变老的点点滴滴。

　　让我就这样守着你，哪怕就一天，好吗？

2016年6月23日　星期四

　　去医院办理住院手续，主管医生看到我剪短的头发，问，开始掉头发了？我说，嗯。他习以为常地说，掉就掉吧，早掉晚掉都得掉，病好了会慢慢长出来的。在医院这种地方，死亡都不足为奇，何况掉几根头发呢！对于身患癌症的人来说，掉头发不奇怪，不掉头发才奇怪。

　　虽然剪成了短发，但跟那些光头相比，我倒显得是个奇迹。每一个病友见到我，都会问同样的问题，头发还没掉？第一个疗程吧？而我的回答总是千篇一律，第二个疗程。快了，估计做完这个疗程就跟你们一样了。

　　医院的病床一律是白色，我往床上一躺，枕头上到处都是我的头发。每天早上起床后的第一件事，就是抱着枕头到卫生间去清理。同病房的病友教我，用手撸一下，把已经掉了还浮在头皮表面的头发撸掉，这样会好一些，于是撸头发成了我的习惯性动作。

　　这个时候头发已经不是头发，而是一蓬秋后的枯叶或者是地埂上割下晒干的枯草。不是长上去的，而是暂时堆在我的头上。一有个风吹草动，就掉得到处都是。脖子上、衣服上，到处都有，病床上、枕头上更是除不尽的头发。我不敢洗头，甚至不敢梳头，它脆弱得不堪一击，好像我走路稍微走得快一点，它都会掉下来。

2016年6月23日 星期四

　　第二个疗程的治疗很快结束，第一天输辅助药水，第二天化疗，第三天再输辅助药水，第四天打升白针（促进白细胞增长的一种药水）。我的头发虽然天天这么掉，到底没有掉到不堪入目，倒是我没了跟它耗下去的耐心，早上输完液，下午就跑出去剃了个光头。

　　年轻的剃头师傅比较镇定，开口就问我是不是在做化疗。我很奇怪，按说他这个年纪根本接触不到这种残酷的事情。他说："我妈妈做过化疗，她患的是乳腺癌。"我轻松地说："我也是。"小师傅的话让我释然了。世上并不只有我一个光头。况且，今天大踏步地后退，是为了明天大踏步地前进。我大大方方地把手机交给大姐，让她给我拍照留念。

　　从检查出乳腺癌到现在，我身上的东西次第离我而去，先是乳房，后是头发。头发除了是女人的第二张脸之外，它还是一个女人情感的寄托。古代的女子，会剪下一绺头发送给心爱的人，作为忠贞爱情的信物。人家那叫青丝，而我这个就只能叫头发了。剪下它、

跟着 乳房 去流浪

剃了它，是一种无奈的选择，是不得不做出的取舍。在生死面前，我妥协了。为了活着，我舍了我的乳房，又舍了我的头发，仁慈的佛祖，你总该让我活下去了吧？

其实，换一种心态来想，剃头何尝不是在播种希望？就像地里的杂草，只有除去才能播撒种子，庄稼才能长势喜人。那么，剃头于我，只不过是在剔除没有用处的枯草，把身体养好，为头发的生长造一亩良田。待到头发重新长出来的时候，我的身体想必已经恢复正常，我的新生活也已经启航了吧。这样说来，该舍就舍，有舍才有得。

舍去这一头长发，生出的是新的希望。

2016年6月24日 星期五

睡过午觉，丈夫去找医生问我出院的事，我披着衣服拿着本书在走廊上晃悠。E主任办公室门口的椅子上坐着两个男人，在打瞌睡，估计是夜里陪床没有睡好。棕色的窗帘拉了起来，光线太暗，没法看书。我继续往前走，一个胖胖的阿姨正在打扫卫生，见我走过来，好心地提醒我："地刚拖过，你慢点儿，滑。"我感激地点点头，慢慢朝前走去。

不知不觉走到了乳内一科的地盘，同样有一个男人在椅子上睡觉，发出轻微的鼾声。我走到桌子面前，用右手去拖椅子，打扫卫生的阿姨连忙丢下拖把，跑过来帮忙。她一边帮我拖椅子，一边提醒我："地滑，你小心点儿。"我谢过她，坐在桌子前，胡乱翻看着手里的书。

丈夫找了过来，劝我尽量少坐着，还是回去休息为好。他牵着我回到病房，我迷迷糊糊地睡了一觉，醒来后坐在床边，跟病友们嘻嘻哈哈地聊起天来。

今天打完升白针，明天就可以回家了。

2016年7月6日　星期三

　　冒着小雨在家附近散步,看到蒲公英仰着小脸安静地享受细雨的滋润,恬静而温柔。我不禁大为感动,心想,人若能如此,阳光明媚就欣赏林中斑驳的光影,阴雨连绵就聆听细雨的浅吟低唱,定会将平淡的日子过成一首诗。

　　人生的道路曲曲弯弯,我们永远无法知道下一刻会发生什么,我要学会珍惜每一天,认真做好每一刻该做的事。读书的时候就用心读书,工作的时候就好好工作,病了就好好享受亲人的照顾……至于其他,顺其自然,不奢求,不抱怨。要像蒲公英一样,用心迎接每一天,该盛开的时候就尽情地盛开,该飞翔的时候就潇洒地飞翔。

　　虽然每天都坚持走路,但养病成了我的借口,我把自己关在家里,吃吃睡睡,不问世事。在漫漫长夜里,当周围真正安静下来的时候,我会感到一丝惶恐,我真的觉得我在虚度时光。家务不用我管,看书成了消遣,我担心病愈后,我会懒得让我自己都鄙视自己。

　　过惯了有人伺候、照顾的日子,我还会像从前一样,手脚勤快、体贴温存吗?

2016年7月8日　星期五

又快到了飞往北京做化疗的时间了，每到这个时候我心里总有一丝害怕。真的，我远不像我表现出来的那样坚强、勇敢。我承认，我害怕化疗，同所有的人一样。但是，化疗是可以让我活下来的唯一的希望，我不得不接受、忍受，而且，也不得不坚强。

妈妈悬着的心好像放了下来，女儿也开始安心地准备期末考试，丈夫胖了一斤，慢慢恢复到他从前的体重。

生活好像回到了原来的轨道，我又恢复了一个人在家，独自守着黑夜的日子。这种日子对我来说并不陌生，我甚至暗暗喜欢这样的日子。没有人打扰，我可以做我想做的事，看书、写字，写字、看书……或者，就这么躺着，傻傻地任时间像风一样从身边吹过。

每次化疗回来，头几天都是软绵绵的，恶心，什么都不想吃，只想睡觉。每次都是从第七天开始到第十一天去本地的医院查血象。出门的时候，把自己包裹得像个粽子，戴着帽子、口罩，整个人捂得严严实实。第十一天以后如果白细胞升高，就可以出去走走了。当然，医生会告诫我不准去人多的地方。

今年的花开得似乎特别漂亮，到处都可以拍照，可是我已经没有了兴趣。虽然朋友们说，应该照一组光头的照片留作纪念，但是伤痕不是刺青，不必展示，也没有欣赏的价值。折断翅膀的日子忘

跟着乳房去流浪

记得越快越好,我无心也无意留下这种影像。

我似乎是一个矛盾的人,白天出现在众人面前的我是快乐、坚强的;晚上独处的时候,我又会颓废、消极。我知道这样不好,对身体恢复没有好处,可是很多时候,我没法控制我自己。

别人会不会这样?我不知道。

2016年7月10日　星期日

7月的北京已经很热了，我抵达的这天，据说是今年以来北京最热的一天。有好事者在正午时分测量了一下地表温度，据说高达44℃，我感觉有点夸张。不过刚走出机场，我就感觉热浪一浪接一浪扑面而来。

在车上晃荡了一个多小时，还没有到宾馆，大姐的电话就打来了，说要把保温饭盒给我送过来。忽然觉得我这一病，害得家人、朋友全都不得安生，大家都围着我转，丈夫频繁请假不说，在北京的大姐记挂着我的吃和住，每次都奔波两个多小时来看我，公交、地铁，要换乘好几次。

吃过饭回到宾馆已经快晚上10点了，只觉得全身黏糊糊的。如果不是这可恶的癌症，我永远不会选择在7月来北京。

天太热，水和饮料无法浇灭喉间那股燥热，只有茶，沸水冲泡后变得温润，缓缓咽下，身上的热气渐渐消散，心也跟着安静下来。

陈年普洱最合我的口味。茶叶经过岁月的沉淀，失去青葱嫩绿的颜色，变得陈旧发黑，褪去青涩，变得温润，像一个美丽的女子，经过时间的洗礼，更让人信赖和依恋。

用茶刀把茶从茶饼上撬下需要一点力气，煮水、洗茶、温杯，这个极具仪式感的过程已经足以让燥热的心沉静下来，口干舌燥的感觉似乎也不那么强烈了。一杯入口，浅尝、深饮，茶水经喉咙慢慢咽下，人就彻底凉快下来了。

抬头看看窗外，树影摇动，好像起风了。灯光洒在树上，新发的嫩叶显得愈加青翠，老叶子则呈现出深浓的墨绿色。

忽然记起在家乡大觉寺喝茶的情景来。古老的禅房里，古朴的供桌前摆放着一张实木茶桌，主人是知晓这方水土前后几百年历史的智者，他一边泡茶一边讲述爨氏统治这个地方时的趣闻轶事。屋外夜色正好，月亮爬过梅树枝头，稳稳地高挂在碧蓝的夜空。爨氏家族五百年的兴衰史，就在茶叶的沉沉浮浮中讲完了，所有的疑惑从一杯杯清茶中袅袅升起，又轻轻散去。

那夜的茶是我平生喝过的最好的茶。我一遍一遍品尝茶水带给我的那种丰盈的味道，慢慢地爱上了茶，爱上了那种齿颊生香、回味绵长的感觉。

2016年7月11日　星期一

8点到医院办住院手续，恰好有一个病房的病人全部出院，我们一起办住院的4个病友，就一起住了进来。

有两个60多岁的，另一个和我年龄相近。与我年龄相近的这个人我认识，认识她的主要原因是她有点特殊，上次来的时候已经做完4个疗程了，头发还没有掉光，血象从来没有低于5000。她说，她从来不按医生说的老老实实地待在家里。做完一个疗程，回去后就到处走，想去哪儿就去哪儿，连口罩都不戴。她一见到我就问："看到董老师了吗？"董老师是她上次来治疗时，跟她住在同一间病房的病友，也是我第一次来北京化疗时的病友。

按照惯例，今天应该输辅助药水。下午3点了，护士还没来，丈夫跑到护士站看了两遍，终于来了。

我们病房的4个人中有3个在输液，另一个老太太是第二次化疗，还得先进行一系列的检查。辅助药水是保肝护胃的，对身体没有任何不良影响，只是扎针的时候很疼。护士让我把脸转过去，我以为她怕我疼，其实不是，她是怕我讲话时带出的飞沫污染针眼。

晚上9点，是医院规定的睡觉时间，洗完脸从洗漱间出来，我帮扶过的一个男孩打来电话，关切地询问我的情况。他已经读大三了，在张家港实习后刚回到武汉。他说给我买了些土特产，要给我

跟着乳房去流浪

寄过来。我赶忙说:"不用了,不用了,你替我吃吧。"

我正跟他聊得高兴,护士闻声走了过来,严厉地批评我:"睡觉时间不睡觉,还打电话影响别人休息。"我吓得吐吐舌头,在电话里跟小男孩匆匆告别,然后蹑手蹑脚地偷偷溜回病房。躺在病床上,我怎么也睡不着。在我的家乡,晚上9点钟夜生活才刚刚开始,人们打牌、唱歌、吃宵夜、看书、写字、看电影,过得潇潇洒洒,可是在医院,就必须熄灯睡觉了。

那就睡吧,在北京就乖乖地做个病人,过病房里的日子。

2016年7月12日　星期二

　　我的化疗方案同前四次一样，反应也一样。头疼得厉害，药水输到第三瓶，我已昏昏沉沉地睡了过去。

　　病友们一直在大声说话，聊得不亦乐乎。我迷迷糊糊醒来的时候，只剩最后两瓶药水了。病友们看我醒了，羡慕地说，你可真能睡，这也能睡得着。我笑笑，又睡了过去。

　　下午我又睡了一觉，感觉这日子，是睡过去的。

　　到了晚上，又睡不着了。迷迷糊糊，感觉同病房的两个病友走马灯似的，这个刚睡下，那个又起来。她们或出门散步，或起来到卫生间冲凉。我拿过手机看了看，才两点多。护士进来过几次，有一个病友跟着出去了，最后一次护士进来把卫生间的灯关了。

　　这一夜醒醒睡睡，始终不踏实。总算熬到天亮，护士进来量体温，我说昨晚没睡好，她说是吃了地塞米松的缘故，那种药会让人兴奋，睡不着觉。我去问我的主管医生，他说："按照你的治疗方案，要到第五次化疗后才开始换药。现在用的是紫杉醇，紫杉醇能够杀死癌细胞，但有毒，地塞米松有解毒的作用……"

　　化疗原本就是魔鬼疗法，杀死癌细胞的同时也会杀死健康的细胞，白细胞被吞噬，人的免疫力严重降低，奢望哪种方法可以好受一些几乎是幻想。既然得了这种病，为了活着，只能按照医生制定

跟着乳房去流浪

的方案一步一步地进行治疗,再难受也得忍着。

多希望受尽磨难的我和我的病友们能够活下来。

2016年7月13日　星期三

周三是 E 主任大查房的日子。每周的这一天，E 主任会带着本科室所有的医生浩浩荡荡地一间间病房查过来。这是个学习的好机会，医生们都挤在一起，想听 E 主任对每个病人化疗方案的讲解。

E 主任长得很精神，高高大大，身姿挺拔，标准的军人样子。他对病人很和蔼，病人有什么疑问，他总会耐心解答。对医生则有点严厉，每到一个病人床前，负责这个病人的医生会马上拿出平板电脑介绍病人的情况和所采取的治疗方案，以及化疗的进度、所产生的副作用等等。如果副作用较大，他总会当场提出解决办法。

所以，周三既是医生们学习的好机会，也是病人们请 E 主任为自己答疑解惑的好机会。29 床的阿姨问："为什么我必须进行放疗？可以不做吗？" E 主任说："你的腋下有两个病灶，必须进行放疗。如果只有一个病灶就可以不做。治疗方案里有放疗这一项，这是为你负责。"困扰了 29 床好几天的问题一下子就解决了。

轮到我的时候，E 主任拍拍我的肩，听主管医生介绍完我的情况后，他只说了句"很好"，就带着他的队伍浩浩荡荡地向门口走去。我急了，赶忙问道："怎么什么都不说就走了？"主管医生听我这么一嘟囔，赶紧回过头来告诉我："你一切正常，情况很好，没什么问题，当然就没什么好说的了。"我"哦"了一声，看着他们走

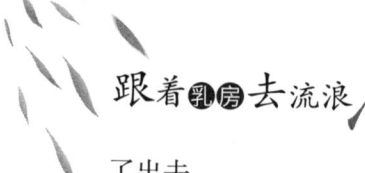

了出去。

对于 E 主任的医术,大家毫不怀疑,来这里住院的病人,大多是冲着他来的。我对我的治疗,越来越有信心了。

2016年7月16日　星期六

飞机降落在长水机场的时候,天空正下着雨。长水机场雨水多,这事几乎众所周知,还好,飞机没有晚点,我又准时回家了。

取了行李出来,看见六弟在等我们。女儿也放暑假了,她乘坐的航班与我的航班同一天到达。我在机场的休闲区要了杯水,点了一两样零食,等着她。每次化疗后我总是吃不下东西,飞机上的食物更是一口都不敢吃,闻着都难受。所以,每次坐飞机,丈夫都陪着我不吃东西。

今天,不知为什么,感觉肚子有些饿了,喝点水,吃几颗花生。闲着无聊,在手机上胡乱写下几行文字,刚一发到朋友圈,立即引得亲朋好友前来围观,一个个发微信,提醒我早睡,叮嘱我要注意休息。

忽然觉得我这一病,让大家对我格外关照起来,我好像成了重点保护对象。除了家人,就连朋友们都对我几乎是有求必应。如果不是有性命之忧,偶尔病一场也是好的,还能找回久违的被人呵护、疼爱的感觉。

跟着乳房去流浪

2016年7月17日　星期日

女儿早早起床，出去买菜。她说，要做一桌好饭给我们吃。辣炒蚬子、虾仁豆腐、豇豆肉饼、煮火腿……说得人直流口水。

三年的大学生活和我的这场病，让女儿真正长大了，懂事了。为了鼓捣这桌菜，她请教了昆明的表姐，让表姐给她写了菜谱。虽然她的菜只学到一点皮毛，不算好吃，但我的心里还是涌起丝丝暖意。二十多年来，厨房一直是我一个人的舞台，我从不奢求有人帮我洗菜做饭，我只希望做好饭有人陪我吃，倘能如此，我就很满足了。

我记得很清楚，女儿学做饭，是她上小学一年级的事。我下乡，原本交代她到外面买点儿吃的，没想到她忽然打来电话："妈妈，糟了，满屋都是烟。"我焦急地问她："你在哪儿？现在什么情况？"她说："烟没有了，飞了。"我安下心来，细问怎么回事。她告诉我说，回到家看到有冷饭，就想自己做鸡蛋炒饭。结果，没掌握好火候，油太热，鸡蛋下去，油烟四冒。我问："你怎么够得着灶台？"她说："脚下垫了个草墩。"我又问："你炒的饭好吃吗？"她说："不好吃，有点苦。"

还有一次，她忽然说："今天我给你做饭，你歇着吧。"我记不清那晚她都做了些什么菜，我只记得她切肉的时候，一次次拎着肉跑进客厅，问："妈妈，切得这么薄，可以吗？"那顿饭吃得很晚，

2016年7月17日　星期日

等她把饭菜端上桌的时候,我已经睡着了。
今天,我不止一次地想,上天赐予我这样的女儿,是我几辈子修来的福气。

2016年7月18日　星期一

　　原来，有些日子不是用来"过"的，而是用来"熬"的。你不知道什么时候才熬得出头——全身每个骨节都疼，痛感随着脉搏的跳动到处乱窜。这种疼不算痛彻心扉，却足以瓦解一个人的意志。

　　终于，一天又过去了。

　　我看到了曙光，隐藏在黑夜里的那束光芒，是我的希望。

2016年7月20日　星期三

又到了每个周期血象最低的时候。

我已经成了我们这座城市这家医院的常客，随便找个医生开个血常规检验单就可以去做检查。检验科今天病人很多，好像有两家单位的职工在进行一年一度的体检。好在等待的时间不长，抽完血以后十来分钟就拿到了检验结果。

检验结果令我欣喜，通常每个疗程的第九天都是我血象最低的时候，这次的白细胞是5.1，正常。我这个身体真是争气，不禁有些得意。

白细胞正常，胆子也就大了起来，刚好有朋友打来电话约我吃饭，我一秒钟都没有犹豫，马上就答应了。

2016年7月21日　星期四

我又去离我家不远的泰丰公园了。

泰丰于我,就好像地坛之于史铁生。地坛离他很近,泰丰离我很近。

从北京做完手术回来,泰丰是我唯一可以去的地方。化疗后的我,反应虽不像别人那样严重,但白细胞受到严重损伤,医生告诫我不准外出,尤其不能到人多的地方。如果非得出门的话,一定得戴上口罩。待在家里实在憋得难受,前来照顾我的表姐说,戴上口罩,我带你出去走走吧。

从此,泰丰公园成了我的地坛。

早上9点以后,晨练的人陆陆续续回家了,公园里安静了下来。太阳从厚厚的云层里挤了出来,紫色的马鞭花开得正艳,斑蝶、蜜蜂相约而来,在花间飞舞。我忘记了自己正在病中,也忘记了医生要我戴口罩的嘱咐,扯下口罩,举起手机,半蹲在花前,静候蝴蝶翩翩飞来,期待拍下一张蝶舞花间的照片。褐黄色的斑蝶有些顽皮,

2016年7月21日　星期四

手机的镜头刚对准它，它就翩然而去，引逗着我在花间来回奔走。蜜蜂不理会我的多情，勤劳地在每一朵花的花蕊间收集着花粉。顽皮的蝴蝶终于引逗得我满身虚汗，我气喘吁吁地坐在花前的木凳上，感受着木凳带给我的体贴与踏实。

走过紫色的花海，迎接我的是娇黄灿烂的金丝梅。小时候在外婆家的山坡上常见的野花被移植到喧嚣的城市里，居然也开得恣意娇艳。左边新修的石拱桥弯着腰安静地横跨在小河上，丝缕般的柳条从桥廊上拂过，又轻轻落在水面。站在桥上，清风迎面而来，所有的烦恼和忧虑随风而逝，病痛生死在这一刻远远离开，心境被涤荡得清澈空明。

我遇到一座长满野花和苔藓的古桥，桥面修补过，但仍然难掩它的沧桑与荒凉。桥的一侧有一块高大的石碑，石碑上铭刻着这样的文字："康熙三十三年，南宁知县桂天申捐资修建。"原来离我很近的地方居然还有一处真正的文物古迹。这座利民桥修建于康熙年间，修桥的钱不是政府拨款，而是知县捐资。我没有考证过这位知县是不是一位清官，但相信捐钱修桥的官在那时一定受人敬重。人的生死有很多种，死后让人铭记的不多。这位叫桂天申的知县，因为肯为老百姓做事，哪怕只是修了一座桥，千百年后，人们依然记得他。

泰丰公园依河而建，既保持了河畔原有的风貌，又加入了新的元素。绿色是公园的主色调，紫色、黄色、白色、粉色是陪衬和点缀，共同构成一幅静谧的水粉画。垂柳、梨树、桃李、樱花、海棠、芭蕉在密密的花海中默默站立，随着季节的不同而变换着容颜。

傍晚时分的泰丰公园又是一番景象，吃过晚饭以后，人渐渐多了起来。公园里的几个小广场成了跳广场舞的大妈们的地盘，她们任意扭动着不再婀娜的身体，跟随着节拍陶醉在音乐里。人们围成一圈，饶有兴致地观看。出口处还有挑着篮子卖梨卖桃的农民。

泰丰公园没有建成的时候，这里空寂无人，每次我开车经过，从来不会往车窗外瞥一眼。泰丰公园的修建，让周围的居民变得熟络起来。大家聚在一起，家长里短，聊天锻炼，人与人的距离似乎瞬间拉近了许多。

从此，我选择走另一条路，从高高拱起的红色花架下经过。这里人少，紫藤花正在努力往上爬，雨水滋养后的枝蔓蹿得很快，一天一个样，昨天才爬到花架半腰，今天已爬到头顶。爬得快的，还没来得及抓好花架，就从头顶伸下柔嫩的枝条，在晚风中轻轻摇曳。我担心粗心的人弄断它柔嫩的枝条，每次遇到总要踮着脚尖把它们扶到花架上，让它们找到依靠。这条路在公园的高处，离河较远，视野开阔。两旁除了梨树，就是桃树。这些植物是原来的土著，看得出这里曾经是个果园，这条路直插南小线，却并不进南小线主路，而是在接近南小线的地方又随着坡势往河边下移，回到河边，循着薰衣草的香味回归主路，重新通向公园出口。这样走一圈有三四公里，不用走回头路。

从北京回来至今，只要不下雨，我每天都要到泰丰公园散步。开始的时候我得休息两三次，现在我已经可以一口气走一圈。公园的花开开落落，已经换了几种。马鞭草已经枯萎，薰衣草也结满了籽，倒是葱兰，开得正旺，一片一片，就像落在绿毯上的星星，洁净而耀眼。我天天来园中，看着它们从盛开到凋谢，有的结出果实，有的灿烂一季。

花草都不在乎生命的长短，只管守着自己的本分，做自己该做的事，人为何不能如此？

泰丰公园的花花草草、小桥流水，让我的心安静下来。我全身心地融进自然，从每一朵花、每棵树身上，感受生之绚烂，也感受

2016年7月21日 星期四

死之静美。我终于从惶恐和绝望中解脱出来,从一朵花上看到自己的影子,我忽然觉得一切都没有那么可怕了。

史铁生说过,死是一件不必急于求成的事,死是一个必然会降临的节日。

泰丰离我很近,它是在我生病之后才建成的,它是我的,也是别人的,但泰丰于我,有着特殊的意义。它让我返璞归真,活得简单;它让我参透一切,获得重生。

2016年7月25日　星期一

多想化作一缕清风，轻抚你的脸颊；多想变成一只蝴蝶，陪伴在你身边；多想化为一滴雨水，浇灌你干涸的心田；多想成为一抔泥土，把你捧在心间！

多少人如我一般，轻轻走过，不断回头遥望那风中摇曳的影子，感叹岁月如此短暂，留不住你的美丽。坠落的花瓣像折断翅膀的蝴蝶消失在花间，我的轻叹你可曾听见？

其实我也只是一个过客，在清凉的早晨经过你的身边，偶尔驻足欣赏你美丽的容颜。你不要为谁绽放，更不要为谁凋零，只管安静地守护着那片蓝天，守护着你的憧憬，开最美的花，做最甜的梦，只为自己，只为不辜负你的名字。

2016年7月28日　星期四

　　一直觉得有人伺候是一种幸福，可以不用考虑柴米油盐，不用去想今天买什么菜、午饭做什么、晚饭又做什么，可以不用在周末早早起床打扫卫生收拾家。有一天，当我真正过上有人伺候的日子，衣来伸手饭来张口，却忽然发现，能够伺候人，能够把家人照顾得妥妥帖帖才是真正的幸福。

　　拥有善良，你就会拥有更多的温暖，收获更多的友谊。

　　感谢不离不弃一直陪伴我的家人，感谢身边从不间断的安慰和鼓励，感谢命运对我的垂青，一路走来，让我结识了许多志趣相投、肝胆相照的朋友。

　　感谢千里之外的赠书人，让我在病床上闻到了书香，感受到了友情的可贵。

　　即使是病人，我也是个幸福的病人。病魔会在我爽朗的笑声中望风而逃，我将朝着阳光前行，把阴影踩在脚下、留在身后。

　　从今天起，做个好读书的女子，恬淡、安静地活着，任它竹冷松寒，我自一觉好梦。

跟着乳房去流浪

2016年8月1日　星期一

又到北京了，又来住院了。

12床的病友，一个标致的女人，却取了一个男人的名字。我一进门就听到她在抱怨，说她住了几天了，还没给她输液，单是检查费就已经花了6000多元。她的丈夫是个沉静少言的人，长得很周正。标致的女人不知道是撒娇还是耍赖，一直在折腾她的丈夫，一会儿说要起来，一会儿又说要躺下。她的丈夫一声不吭地扶她起来、托着她躺下。一会儿她又说要换衣服出去，让男人给她拿衣服。衣服穿上，又说不好看，要换一件，男人又把另一件衣服拿过来。

晚上睡觉前，标致的女人要求男人给她洗脚，说她没法弯腰。大概因为病房人太多，男人不怎么愿意，只把水给她端来，就坐在她面前看着她。标致的女人一边洗一边抱怨："我知道你盼着我死，我偏不让你得逞，我就不死。"男人嘀咕了一句什么，标志的女人就命令他出去，说不想看见他。标致的女人絮絮叨叨地一直在说，说些什么听不太清楚，只听到一句："你信不信我把洗脚水喝了？"男人还是不说话，赔着笑脸看着她。

后来，标致的女人又命令男人去拉窗帘，又几次让男人扶她起床上厕所，折腾够了才躺下。男人坐在一旁的折叠床上看手机，似乎感觉到我在看他，不好意思地抬头看了我一眼，又赶紧低下头去。

2016年8月1日　星期一

　　我忽然觉得这个女人很有意思，虽然她满腹怨气，却勾起了我的兴趣。住了好几次医院，这样的病人我还是第一次见，明天不知道她又会整什么幺蛾子。

跟着乳房去流浪

2016年8月2日　星期二

医院的早晨，我是被折叠床"嘎吱嘎吱"的声音吵醒的。夜里，陪床的丈夫们睡在折叠床上；每天早晨起来，他们要做的第一件事就是把折叠床七手八脚地收起来，放在指定的地方。

我的化疗药水还是那两样，带来的副作用除了恶心呕吐就是乏力嗜睡。在迷迷糊糊的睡梦中，我听到那个标致的女人在抱怨给她做手术的医生。她的丈夫出去买午饭，回来得晚了，她又在那里骂："你一出去就不知道回来。我都要饿死了。我这是咋了，生场病吧，又摊上这么个医生。"她的丈夫一直不搭腔，趁他进卫生间洗碗的间隙，我忍不住劝那个标致的女人："当着我们的面你就不要说他了，给他留点儿面子。这男人吧，像孩子一样，得哄着点儿。"她好像听进去了，一下午都没有再数落她的丈夫。

闲聊了一阵，我这才知道她是齐齐哈尔人，丈夫是狱警。她的病是三阴性乳腺癌，所谓"三阴性"是指雌激素受体、孕激素受体和人表皮生长因子受体都是阴性。这是一种特殊类型的乳腺癌，这种类型的癌症在所有乳腺癌中所占的比例为15%，因缺乏内分泌及抗HER2治疗的靶点，目前尚无有效的治疗方案。女儿悄悄告诉我，某个著名的女歌星得的就是这种病，后来死了。我忽然有些同情她了，我不知道，她是否清楚自己的病。

2016年8月2日 星期二

　　她急躁、易怒，但我还是很同情她。女歌星那么有钱，有那么好的条件都治不好，她存活的希望到底有多少？我不得而知。她是我住进这家部队医院以来遇到的第一个三阴患者，我不知道我的疗程结束后还能不能见到她。到那个时候，假如她还活着，我不知道她是否还会像现在这样絮絮叨叨地抱怨这抱怨那。

　　如果换作是我，又会用什么心态来面对这悲惨的命运呢？我不知道。我只知道此刻她对丈夫的抱怨显得不再那么刺耳了。

2016年8月10日　星期三

从北京回来已经三天了。今天下了一天的雨，我全身乏力，无法外出，就在小区里随便走了走，居然也走了5公里。

小区的桂花开了，整个小区都弥漫着桂花的香气。我家的桂花树今年忽然落叶干枯，几次请物业的师傅过来处理，喷药修枝，效果终究不太明显。虽有新叶发出，到底瘦弱憔悴，病恹恹的，让人心生几分怜惜。丈夫说："这桂花像你，虽病了一场，终无大碍，明年春天就会发出新芽。"

站在桂花树下，我仰起头，发现那些干枯的枝叶间开满了密密麻麻的小花。叶子落得太多，花就凸显出来，鹅黄色的花瓣爬满了枝丫。我忽然感动得不能自已，这花，尽管大病初愈，却依然努力地盛开着。不管我们是否注意，也不管是否有人欣赏，它依旧默默地、艰难地盛开着。

秋天是收获的季节，即使一无所获，也不能颓废。我要像这棵桂花树一样，努力做好自己，该发芽的时候发芽，该开花的时候开花。

2016年8月12日　星期五

终于走出家门，来到山村。

很巧，村子的名字跟我那篇小说《不见悲喜》里的地名居然只差一个字，像是冥冥之中自有天意。

女主人留着一头过膝的长发，让我心生羡慕，感慨不已。两条看家狗热情好客，大的那条是主人放羊时的好帮手，只要羊群走得略微散开一些，它就会从四周包抄过来，把羊撵回羊群。小的那只，身材苗条，气质优雅，无论是走路还是站立都有型有款，主人给它取了个有趣的名字叫"黑妮"。黑妮待人十分友好，就是不让人碰一下它高贵的头。用骨头哄它，它尾巴摇得可欢了，可是只要伸出手去摸它的头，它马上翻脸，露出满嘴的牙。

村子不大，只有三十几户人家，不种烤烟，所有的收入全部来自大山。年轻人全部外出打工，留在村里的老人除了种地，就靠捡蘑菇、卖野生灵芝生活，居然能够安居乐业。由于有大山的恩赐，人们只要不偷懒不生病，收入都不会太低。因此，整个村子里没有太富的，也没有太穷的。家家门前花开满枝，大丽菊、凤仙花、月季等在这个世外桃源般的乡村开得无拘无束、绚丽至极。

捡菌子的地方就在村子背后，嗑松树高大笔直，青青的绿毯上绣满了五颜六色的小花，松针落了一地。青头菌、铜锣菌、嗑松菌、

跟着乳房去流浪

奶浆菌顶破泥土，钻了出来，头上还带着泥巴和松针。

捡根树枝，在松针拱起的地方扒拉一下，菌子就躲在下面，懵懵懂懂地看着你。即使是从没捡过菌子的人也能碰到别人错过的菌子。杨梅居然还没掉完，摘回来泡酒，据说可以养胃。白琐梅星星点点地散落在绿地上，错过了黑破潘，可以摘几个白琐梅解解馋。

这样的山林让人忘记一切纷扰和烦恼。多想做森林里的一朵小花，你来，我等你，为你绽放一世的美丽；你不来，我照样盛开，活出自己的风采。

2016年8月15日　星期一

　　飞来飞去，时而失落、沮丧，时而乐观、坚强，在不断的挣扎中，我慢慢学会了放下、忍受，直至参透世事，了悟生死！

　　当心真正沉静下来，我看淡了很多是非因果。我看着一朵花从花骨朵到盛开，再到凋零，明白世间万物莫不如此，不必慌张。我看着蜂蝶在花间忙忙碌碌，蜂儿采到花粉，酿出蜂蜜，赢得了勤劳的名声；蝴蝶同样辛苦一生，却没有得到人们的赞誉。我明白了，其实人们的评价，对它们毫无意义，它们只是坚守着各自的本分，做着自己该做的事！

　　其实，无论怎样的评价都没有意义，重要的是做真实的自己，做自己想做和该做的事，活得洒脱、从容。就像《菜根谭》里说的："宠辱不惊，看庭前花开花落；去留无意，望天上云卷云舒。"

　　史铁生说，残疾是今生的惩罚和前生的恶疾。那么，病痛呢？

　　病痛是身体向我们发出的警告。让我们停下脚步，过滤一些毫无意义的忙碌，看看身旁的美景，享受亲人朋友的疼惜，让我们对生命多一点敬畏。

2016年8月17日 星期三

刚起床就接到闺蜜的电话,她说,给我买了牛尾骨,一会儿送过来。

在北京的时候就听病友说过,喝牛尾骨汤能增加白细胞。我一直没有放在心上,每次化疗以后都打升白针,白细胞应该不会很低。

闺蜜知道我生病,是在我手术的前两天。长时间没有跟她联系,她觉得很奇怪,打电话来问,我只好如实相告。她在电话那头哭得一塌糊涂。在她心里,癌症这种病离我们太遥远,是电影里的桥段,她想不通为何这种病会找上我。

我从北京回来以后,她常常买这买那送过来,牛尾骨汤更是一周送两次。可是,化疗后的我胃口特别差。牛尾骨汤味道太浓,我实在喝不下去。每次都是表姐逼着我,像喝药一样喝一大碗。最后,只要接到闺蜜的电话,我就害怕,觉得牛尾骨汤的味道通过电话线传了过来。

今天,她还买了新鲜的苞谷、番茄、黄瓜等。我笑着说,你恨不得把农贸市场搬到我家来。她说,把番茄切碎放在汤里,调调味,去去腥气,会好喝一点。

关于乳腺癌病人忌口方面的问题,我请教过医生。医生说,其实乳腺癌患者没有太多忌口,除了蜂王浆,其他都能吃。多吃新鲜

2016年8月17日 星期三

的蔬菜水果，大鱼大肉要控制。

蜂王浆是从蜂蜜里提炼出来的，我们云南一年四季鲜花盛开，花多，蜜蜂就多；蜜蜂多，当然蜂蜜就多。柠檬水加蜂蜜、柚子茶加蜂蜜、百香果兑蜂蜜，就是拌水果沙拉，我们也不用专门买沙拉酱，用酸奶、蜂蜜一拌就可以吃。我们还常常用蜂蜜当面膜，几分钟后洗干净，脸马上变得水润光滑。

我们这里的蜂蜜大多是养蜂人自己过滤，我想他们根本不可能把蜂蜜和蜂王浆彻底分开，我只好连蜂蜜都不敢喝了。除了蜂王浆，老人们说的发物，就是会发病的食物，比如猪头肉、鹅肉、鸭肉、香椿、蕨菜之类，我也不再吃。虽然不知道老人们的说法对不对，但毕竟是一代一代传下来的，传了几千年，总不可能一点道理都没有。

一位朋友带我去看老中医，他说，只要按他的方子吃中药，再严格忌口，一定可以治愈。我一看，天哪，所有长翅膀的都不能吃，猪肉也只能吃里脊肉，甚至一些蔬菜水果都不能吃。我可坚持不了，只好断了吃他开的中药的念头。

人生不长，我不想为了活着而失去吃所有美食的快乐，不用自己吓唬自己，听医生的话就好。

2016年8月30日　星期二

又来北京了。

在北京待的时间稍微长一点,我就会想念云南的美食。接到电话,丈夫按我的吩咐买了豌豆、蚕豆、锅巴、腌菜等,用泡沫箱装好,放上冰袋快递了过来。东西太多,一下子吃不完,最后剩下的几颗豌豆开始长芽。一时兴起,小碟里盛上水,将发芽的豌豆泡在水里,将碟子放在窗前。三两天后,豌豆苗弯弯曲曲地破土而出。又过了一天,居然开始长叶,在窄小的窗口恣意地生长着,全然不顾水土不服,气候不适。

生命原来如此顽强。尽管曾被闷在泡沫箱里,挨着冰块,又经过长途跋涉,但只要有机会,一样可以生根发芽。人或许也该像一粒豌豆那样,可以受到伤害,可以历经磨难,但不可以轻言放弃。在低谷的时候,努力充实自己;在受伤的时候,努力锻造自己;在病痛的时候,努力强健自己。不自怨自艾,不自暴自弃,总有机会生根发芽,长成本该长成的样子。

2016年9月1日　星期四

病房里只有一个病友，闲着也是闲着，于是跟她聊起天来。

她说她还有一个疗程就结束化疗了，化疗以后转放射科放疗。她问我月经还来不来。我说，生理期过了，没有来，不知道是推迟了，还是闭经了。她说，肯定是闭经，好多病友第二次化疗结束，就没再来。

对于掉头发我有心理准备，但闭经，我真的没有想过。雌激素水平急剧下降，月经不来，也就是说，我已经提前衰老，过早地进入了更年期。我的心一下子疼起来，那是一种从未有过的感觉，我好像看到我老态龙钟、萎靡不振的样子。

我跑去找我的主管医生，他正在日间病房跟病人谈话。我问他，化疗以后，是不是就不会来月经了？他点点头，说，是啊。我的眼泪忍不住掉了下来，想说什么，却张不开嘴。主管医生看我哭了，有些手足无措，忙安慰我，怎么哭上了呢？不来就不来呗，病好后还会来的。再说，你都多大了，不来就算了。我没有说话，擦擦眼泪回到病房。

输完辅助药水，回到宾馆，我对丈夫说，医生肯定是骗我的，他说病好后还会来。丈夫说，不来就不来了嘛，省得麻烦。我说，

跟着乳房去流浪

不来,说明我老了,没有雌激素,不知道脸上会不会长胡子?喉结会不会很明显?丈夫说,怎么会?别想那么多,好好治病。

2016年9月2日　星期五

　　不知道为什么，这次化疗感觉跟前几次不一样。前几次化疗都是回家后才开始有不良反应，这次反应来得早，刚上飞机就觉得浑身酸疼，一会儿热一会儿冷。

　　天气炎热，飞机上的冷气开得很足。我穿上外衣、盖上毯子，仍觉得冷。我紧紧靠着丈夫，说，好冷啊。他忙把他的毯子也给我盖上，但我还是觉得冷。我身上的热气好像被掏空，再也回不来了。丈夫很着急，叫来乘务员，问，能不能把空调的温度调高一点儿？乘务员说，不行，温度是已经设定好的，没法控制。丈夫只好给我要了一杯热水，用手焐着我的手。

　　安静了不到几分钟，我又觉得腿、脚酸疼得要命，怎么放都不舒服。丈夫只好一遍遍地帮我揉。

　　三个半小时的行程忽然觉得极其漫长，我就像一只怕冷的宠物，蜷缩在丈夫身边，等待严冬快点过去。

　　乘务员开始给大家配餐了，我忍住恶心，摇摇头，一句话都说不出来。丈夫看看我，也没要他的那份。邻座的男人要了碗牛肉面，搅拌了几下，"呼噜呼噜"吃了起来。牛肉面的味道直往我鼻孔里钻，我捂住嘴，还是忍不住一阵恶心。丈夫问，喝点水吧？我刚想回答，突然想吐，赶紧冲到卫生间，蹲在马桶边不停地干呕，一把

跟着乳房去流浪

鼻涕一把眼泪的,却怎么也吐不出来。从早到晚,我都没有吃一点东西,胃里什么也没有。

我揉揉眼睛,擦擦脸,从卫生间出来。丈夫站在门口,满脸担忧。

2016年9月4日　星期日

从北京回来两天了，疼痛酸软的感觉有所缓解。

这段日子，我总是这样，飞到北京、住院、化疗、回家，又去北京、住院、化疗、回家……

这似乎成了我生病以来的生活常态，跟着乳房去流浪——这几天，不知道为什么，这句突然冒出来的话，一直在我耳畔回响，如影随形。

在我居住的这个城市，到处弥漫着桂花的香气，伴着细雨，穿过街道旁商家的吆喝声，穿过举着伞的人群和停停走走的车流，一阵阵灌进鼻子里来。

回到家，清香四溢。打着雨伞出门走走，桂花的芬芳似乎浸润全身，连衣服上都沾满了香气。连日的雨，将早开的桂花打落一地，点点鹅黄点点泪，满地黄花有谁惜？心里忽然有些伤感，雨水为什么在浇灌万物的同时，又要摧残这尘世间的美丽？

其实，桂花算不得美丽，碎米一样的花瓣紧紧抱在一起，躲在叶子背后，似乎不好意思露出她过于普通的容颜。或许正是因为花形不美，颜色普通，所以才努力散发出一种与众不同的香味，让人们一闻到就忍不住爱上原本愁煞人的秋季。

花与人大抵相同，美丽的花大多没有香味，比如桃花、樱花、海棠、茶花、杜鹃,春天染红大地的多是它们,如云霞般飘落在城市乡村、田间地头;香气逼人的却大多没有什么姿色,长得很不起眼,比如米兰、桂花、兰花……

在我的家乡,野棉花是一种极为常见的花,从我记事时起,它们就陪伴着我,一直到我长大。在我的记忆里,秋天除了桂花,就只有这随处可见的野棉花了。背面是淡紫色,正面是白色,鹅黄色的花蕊映衬着白色的花瓣。花瓣一般都是五瓣,小巧清秀,透着一种莲的韵味。

深秋的时候,野棉花开始凋谢,一瓣一瓣悄然飘落。当人们还来不及为这些洁白的精灵感到遗憾的时候,棉桃已经在悄悄地长大,慢慢地长出棉花一样的棉絮来。但它的叶子已经枯黄,人们上山砍柴的时候,会看到一团雪白的东西在黄叶间生长。到了寒冷的冬季,枯萎瘦弱的花茎举着一朵朵星星点点的白,上面又点缀着密密麻麻的黑色的棉籽,在寒风里瑟瑟发抖。棉絮被风吹走了一半,没有吹走的,等待寒风把它们撒向空旷的荒野。

小时候在外婆家,每到这个时候,外公会带我上山,把野棉花的棉絮薅下来,带回家。外婆会细细挑出黑色的棉籽,将棉絮晾干后做枕芯。枕着野棉花做成的枕头,闻着太阳的味道,我会觉得暖暖的,睡得十分香甜。

今天,闻着桂花的香味,我又想起了野棉花。每当野棉花盛开的季节,我总会情不自禁地想起我的外公外婆。

2016年9月5日　星期一

　　泰丰公园依然在等我。

　　终于瞅准雨停的间隙，我穿戴整齐出了家门。

　　没有什么变化，泰丰还是原来的泰丰，花还是那些花，树也还是那几种树。只是河里的水多了，浑浊不清，连日的雨水涨满小河，河水哗啦哗啦地向下游流去。

　　花开始凋谢了，树叶也开始枯黄，已是秋末，纵然花和叶再恋恋不舍，也不得不离开。进入冬季，就该是花草休养生息、养精蓄锐的季节了，不能再像春夏那样，红得招摇恣意，绿得泛滥成灾。

　　雨还是下了起来，我快速地跑到拱形花架下面，找到一个可以避雨的地方，等待雨停。芭蕉叶有些发黄，这里的气温到底没能让它们肥硕常绿。枫叶还没有红透就开始枯黄，葱兰闭上了眼睛，只有常青藤依然我行我素地绿着，趴紧花架使劲向上攀爬。雨下得缠缠绵绵、温软无声，似乎不知道秋天将尽。

　　这是秋末的泰丰。姹紫嫣红的春天，我踏上求医治病之路，秋天将尽，我还没有痊愈。那么，秋天过去是冬天，冬天过去又将是春天吧。

　　我相信，等到明年春天，当泰丰的樱花、海棠开满枝头的时候，我生命中的春天也一定会到来。

2016年9月8日　星期四

血检结果出来了，白细胞14，高出正常值4个点。难怪我这次感觉特别累、特别不舒服，脚踝、关节都酸软疼痛，四肢常常有一种麻酥酥的刺痛感。

不知道为什么会这样。按理说，后四次的治疗方案与以前是一样的，药物的名称、用量都一样。赶紧把检查结果发给北京的主管医生，他回复了几个字："没事，按时查血。"

表姐不敢大意，不再让我出门，做饭烧汤更加用心。丈夫回到家中看了看我的检查结果，马上跑到餐馆给我买松茸。他说："松茸具有抗辐射、抗癌的功效。二战后，松茸是原子弹爆炸地区唯一能够生长的物种。松茸炖鸡汤一定可以缓解你的症状，帮你补血并恢复体力。"

松茸是种野生菌，小的时候我们叫它大花菌，不怎么爱吃，嫌它有一股浓浓的药味。偶尔会采来将其晒干，留到寒冬腊月吃。没想到现在却成了抗癌补气的稀罕物。

表姐把松茸鸡汤炖好，整个屋子都弥漫着一股浓浓的药味。我根本不想喝，但还是屏住气乖乖地喝了一碗。我希望它能把我的白细胞降到正常值。表姐看我喝得眉头紧锁，也喝了一碗，说，的确不太好喝，但也不至于那么难喝，来来来，再喝一碗。我只好又喝

2016年9月8日 星期四

了一碗。

  午睡起来，表姐把削好的水果端到我的床前，逼着我吃。等我吃完水果，她又帮我测量体温。原来，我感冒了，有些发热。表姐赶紧找来治感冒的药，说，我就说嘛，血象怎么那么高。发烧了，血象不高才怪呢。

  吃了药，我又去睡了一觉。晚饭的时候，感觉身上轻松多了，终于可以在客厅坐一会儿了。

2016年9月10日　星期六

我承认,电话响起的时候我有点犹豫,是水莲打来的,我犹豫要不要接听。

最终我还是按下了接听键,忽然很想知道她的身体状况。电话里传来的声音依然热情而充满活力,她大声地说:"我是水莲,清水沟的水莲。"我好像一下子回到了从前,也大声地回答:"我知道,我有你的电话。"她说:"我来看病,我想跟你坐坐,你家在哪里?"

和她一起来的还有她的丈夫。我赶紧把他们邀请进门。

水莲在我家坐的时间不长,有朋友在等我,水莲也说她得赶回医院。我的光头引起了她的怀疑,她一再追问,我只好实话实说,把我的病情告诉她。她的眼睛忽然黯淡下去,沉默了一会儿,她说:"你这么好的人也会得这种病?"我笑笑:"人吃五谷杂粮,哪有不生病的?跟是不是好人没有关系。"她拉着我的手安慰道:"一定要好好治,你条件比我好。"

她匆匆忙忙地走了,我忽然想起了清水沟,想起了阳光下清凌凌的清水河水库,想起了清水沟像玻璃糖纸一样清澈明亮的天空,想起那满山遍野的映山红和像白雪一样随风飞舞的梨花。

2016年9月11日　星期一

又到了查血象的时间了,表姐不放心我去医院,居然把她当医生的儿媳妇领到我家,帮我采血。

采完血,我吃了一碗松露炖鸡,吃完接着睡。

血象终于降下来了,7.6,丈夫放心了,表姐也松了口气。

吃过晚饭在小区散步,表姐说,你这个血怕是馋了,想吃松茸松露了。我也笑起来,说,是啊,幸好生活在云南,又恰逢吃菌子的季节,不然可怎么办?表姐说,松露就跟一块石头一样,我们小的时候好像从来没有捡过,怕是见到了也不知道它能吃,现在居然这么值钱。我说,前些年我也没有吃过松露,街上也没有人卖,看来大家都不知道这是好东西。丈夫说,松露也叫猪拱菌,跟鱼子酱、鹅肝一起,被称为世界上最贵的三大奢侈品,就因为它不仅味道鲜美,而且具有很大的药用价值。

其实,在我们这里,松茸、松露也就两三百块钱一公斤,根本不算什么奢侈品。老家的一些朋友,周末还常常带着小镐到松树林里刨,从来都不会空手而归。

有时候我觉得,生活在云南真好,什么山珍野味都能吃到,一年四季,各种瓜果蔬菜不断,啥都有,新鲜得很。

跟着乳房去流浪

只是看病太费劲、太辛苦，要是云南也有北京那么优质的医疗资源，该多好。

2016年9月13日 星期二

早上梳洗的时候，忽然看到镜子里的我。光头、无眉、浮肿、憔悴，蜡黄蜡黄的脸上还有一块半圆形的黄褐斑，不禁嫌弃起自己来。

我说："真丑。"丈夫一听，忙接过话去："不丑嘛，挺好的。"我没有理他，丑不丑我自己还不知道？我对着镜子，找出眉笔，画了画眉，再看，还是丑。我又说："怎么这么难看？"丈夫有点不耐烦了："你这人怎么回事？这么大年纪了，还在乎什么难看不难看，好好活着就行了。"

我没有说话，他不知道，在一个女人心里，丑是一件不可原谅的事。从前，我对自己的要求是，即使变老，也要优雅地老去。如今，才短短几个月，我就迅速老去，实在让人难以接受。脖子、眼角的皱纹好像一夜之间就爬了上来，身材也开始臃肿走样，与我优雅老去的愿望背道而驰。我忽然特别嫌弃自己。

丈夫上班去了，我躺在床上，翻看保存在手机里的我以前的照片。照片上，没有生病的我，一头长发，在开满紫色花朵的苕子地里笑得没心没肺……

2016年9月18日　星期日

吃过午饭，家里来了一个客人，旧相识。知道我生病了，特意来看我。

他给我带来很多佛教方面的图书和光盘。据说，他是一个皈依佛门的俗家弟子，是个虔诚的佛教徒。他不厌其烦地给我讲一些佛教故事。说实话，我听不大懂，只是礼貌地应付，做出一副耐心听讲的样子。他说，有一个得了癌症的人，跟佛结缘以后，心无旁骛，专心按照师父传授的方法修炼，成功治愈。回医院化验，癌细胞不见了。他说这种方法叫"辟谷"，俗称"饥饿疗法"。听他那意思，我只要找一个负氧离子含量高的地方，"不食五谷，吸风饮露"，七天不吃不喝，就能把癌细胞饿死。

我没有表示怀疑，毕竟，我相信他是真心为我好。但是，癌症患者，尤其是像我这样经过手术和化疗的病人，需要补充大量的营养来提高自身的免疫力。我不敢尝试他所说的"饥饿疗法"。

我说："佛讲因果，我自认为不是个坏人，那为什么还会得这种病？"他告诉我："你今生所受的罪，也可能是上一世的因。"我说："我不相信自己上辈子是个坏人。"他只好安慰我："人生在世，谁都会有劫难。渡过这次劫难，你就会越来越好。"

表姐担心我坐的时间太长，又没有睡午觉，会体力不支，忙催

2016年9月18日　星期日

我上楼休息，他只好告辞。

　　前几天，有位信奉基督教的朋友送我一本《圣经》，给我讲解基督教的一些教义。她说，每个基督徒都有送福音、传教布道的责任。她建议我去教堂找牧师交流交流，请牧师为我传福。她说，上帝是仁慈的，对整个世界和全人类充满无私的大爱。我同样什么也听不懂，我们这个年龄的人，从小受到唯物主义思想的教育，在我的认知里，每个人都是自己的上帝。只有不放弃治疗，相信科学，才能得救。她向我布道的时候，我心里响起的是《国际歌》里的一句歌词："从来就没有什么救世主，也没有神仙皇帝……"

　　不过，不管是佛还是基督，我相信都是与人为善的，都劝大家做个善良的人。只是，信佛还是信基督？我问赠予我《圣经》的朋友，如果信奉基督教，到了信奉佛教的国家还能参观那些寺庙吗？她说，当然不行。这让我很为难。信奉基督教的朋友从来不贬低哪种信仰，她只是觉得，佛祖是人，上帝是神。我承认她说的有一定的道理，可我还是难以抉择。

　　或者，我应该像史铁生一样"昼信耶稣夜信佛"吧。想一想，自打生病以来，我果断选择西医，但又不拒绝中医，看来我信奉的是儒家的中庸之道吧。

2016年9月20日　星期二

　　太阳已经高高挂在碧空，月亮还不忍离去，是蓝天牵住了它的心思，还是它割舍不下这天、这水、这晚秋的凉爽和沉甸甸的愉悦？

　　又要去北京，来来回回，我已经懒得计算到底飞了几次。我始终相信，只要按照医生制定的治疗方案，一关一关地闯过去，我的身体就能恢复，我生命中的雾霾就会散去。

　　忽然想起一句唐诗："自古逢秋悲寂寥，我言秋日胜春朝。"我的心宛如今日的天空，透明洁净，宽阔浩瀚，没有一丝阴云扰乱。

2016年9月21日　星期三

为了节约时间，也为了省钱，我们总是选择乘坐晚上的航班。下了飞机，找到宾馆住下来已是深夜，北京隐藏在黑黑的夜里。

早上起来往医院跑，主管医生已经开好住院单。每次出院就把下一次住院的时间预订好，这是病友们教给我的办法。

丈夫忙着排队、挂号、交费、拿病历，我坐在日间病房等他办手续。手续办完后，我得去抽血。病人很多，拎着大包小包等着办住院手续的，输靶向药水的，做内分泌治疗的……病人多，护士就忙不过来，阿姨长阿姨短地叫个不停，让我们耐心地等待。眼熟的病友不多，我只好呆呆地坐着，听陌生的病友们聊天。

说到紫杉醇，大家都说受不了，浑身疼痛、酸麻，连指甲都变黑了……有个病友说，吃地塞米松吧，整夜整夜地睡不着，每天都靠安眠药入睡。我有点慌，我看过我的治疗方案，从第五次化疗开始，就要换药，也得用紫杉醇。紫杉醇就是红豆杉的提取物，据说是目前公认的最有效的抗癌药之一，但副作用也很明显。为了降低它的副作用，医生一般都会给病人口服地塞米松。口服地塞米松，最明显的副作用就是睡不着觉。她们一直在诉说睡不着觉的痛苦，我越听越怕。睡不好觉，抵抗力肯定不行，这样下去，怎么办呢？

办完住院手续，抽完血，做完心电图、B超，所有的检查都结

跟着乳房去流浪

束了,一天也就过去了。

我跟丈夫商量,叫他去问问医生,看有没有什么副作用小的可以替代的药物。紫杉醇让人受那么大罪,想想都会冒冷汗。

2016年9月22日　星期四

　　丈夫比我还着急，医生一上班就堵在门口，找到我的主管医生，咨询替代紫杉醇的事。

　　医生说，有一种进口药，叫白蛋白紫杉醇，副作用比较小，只是费用更高，价格是紫杉醇的两倍，而且没有纳入医保。丈夫一听，有些激动，说，不管了，不就四个疗程吗？换药。钱的问题，我来想办法。我不知道白蛋白紫杉醇这么贵，有些后悔。我拉拉丈夫的衣角，说，要不然，算了吧，就用国产药吧。丈夫瞪了我一眼，说，你这个人就是这样，永远都不知道钱该用在哪里。省，省，省，人没有了，还要钱干什么？

　　我的主治医生说，你看你看，人家还不是为了让你少受点罪？你居然不领情。我们的治疗方案是E主任带着整个团队根据我的情况制定的，要改方案，必须经过E主任同意。主治医生让我们回病房，按治疗方案先输辅助药水，换药的事，等他向E主任汇报后再说。

2016年9月23日　星期五

　　换药的事很顺利，早上到医院，护士已经把每个病人的用药清单及费用表夹在床尾的病历架上。

　　那个河南的病友，旁若无人地坐在病床上啃猪蹄。她说，我得狠劲吃，保证有足够的营养，才有力气对抗病魔。医生说，吃，吃，吃，吃胖了，心肺负担加重，也不好。她一听，把猪蹄往塑料袋里一扔，忙去洗手。

　　从卫生间出来，她又闲不住了，拿起我们的用药清单仔细看，看到我的，她忽然惊叫起来，说，天哪，我们这个病房，就你最值钱。我忙说，我最怕睡不着觉。她说，是，睡不着觉太难受了。没病的时候，我哪天不是头一挨着枕头就呼呼大睡？现在可好，每天晚上都得起来几趟，真受罪。

　　丈夫买来输液针头，护士进来给我输液，责怪丈夫买错型号了，扎针的时候有些费劲。丈夫赶忙解释："我不知道该买哪种型号的，就跟药房说要贵的。"护士瞪了他一眼："你以为贵就好啊，合适的才是最好的。"

　　我咧着嘴，忍着疼，针头好不容易才戳进去。护士说，现在输的是辅助药，保肝护心的，布袋包着的那袋才是化疗药，不要乱动，这瓶药水输完叫我们。

// 178

2016年9月23日　星期五

　　阳光从窗外照进来，药水在阳光的反射下晶莹透亮，一滴一滴往下滴，我似乎看到自己轻松地闯过化疗大关，站在花丛里笑……

　　我迷迷糊糊地醒来，见白蛋白紫杉醇已经输完，护士换好药水，说，这个是冲管用的，不用输完。她用手比画了一下，说，输到这里，就可以叫我们来拔管了。

2016年9月24日　星期六

　　我输完辅助药水，丈夫还没有回来。他到癌症基金会咨询怎么申请靶向药的事去了。

　　我一个人无聊，就在各个病房之间来回串。我想看看，能不能遇到熟人。病房里静悄悄的，静得好像能听到药水一滴滴往下滴的声音。我转了一圈，没看到熟悉的面孔，就顺着走道一直往前走。

　　乳腺内科分为一病区、二病区，我每次都住二病区，一病区的病人好像也很少会住到二病区来。医生团队都是固定的，病人也相对固定，医生熟悉病人的病情，想来也不会再换了。

　　从护士站经过，护士们看都不看我一眼。这层楼到处都是穿着病号服、光着头的人，大家都见怪不怪了。

　　走道两边的墙上是宣传栏，介绍科室的一些活动、专业优势、专家情况及病人术后训练方法，还有病人送的牌匾，以及一些拒收红包的宣传……一病区的休息区坐着几个病人，正叽里呱啦地聊着什么。

　　拐过走道，忽然看到一个瘦小的病人靠在墙上，盯着那几个聊天的人。我看了"她"一眼，同很多人一样，穿着病号服、剃着光头，但我总觉得"她"跟我们有点不一样。

　　我又看了"她"几眼，觉得奇怪，这个人一点都不像女人。哪

2016年9月24日 星期六

里不像？我也说不清。

　　回到二病区，就遇到我的主管医生。我问，一病区是不是有男病人？主管医生搞不懂我什么意思，说，是啊，有，有两个。我说，他们是不是跟我们一样，患的是乳腺癌？医生说，是啊，凡是来我们科治疗的，都是。我更觉得奇怪了，问，男人也会得乳腺癌？不是说，乳腺癌是雌激素分泌过多引起的吗？男人的雌激素怎么会多？他笑了笑，说，怎么不会？男人得乳腺癌的概率不高，但也会得。说完，他转身进了办公室。

　　我忍不住又往一病区走，我就是想看看，得乳腺癌的男人跟一般的男人到底有什么不一样。

　　聊天的病人还在，那个男病友却不在了。我探头探脑地一间病房一间病房地找，就是没有找到他。

　　我只好回到病房。坐了几分钟，坐不住，又跑到医生办公室。我问我的主管医生，我可不可以去找那个男病人聊天？他很为难，劝我说，别去了，不太好。我问，为什么？我就跟他聊聊天，我想知道男人得了这种病会有什么想法。医生说，男人得了这种病跟你们不一样，大多数都是晚期，生存的概率不大，你去问这些，会影响病人的情绪。我愣住了，问，为什么男人一查出这种病就是晚期呢？他说，一般男人吧，从来不会往这方面想，体检也不会检查乳房。等有了症状，发现不对劲，大多已经是晚期了。所以，你千万不要去问他。

　　我这才知道，原来男人也会得乳腺癌，而且生存的可能性很小，我忽然有些同情那个男病友了。

2016年10月2日　星期日

　　从今天起，做个快乐的人，像向日葵那样，迎着朝阳笑圆了脸。

　　从今天起，好好吃饭、睡觉，作息规律，把日月天地的馈赠统统收下，并对此深怀感激。好好走路、看花、学习，多踩踩坚实的土地，多去山林俯仰长啸，忘记所有令人烦恼的事。

　　从今天起，做个洒脱、旷达的人，不计较宠辱得失。相信任何选择都祸福相依，有所失必有所得，正所谓"失之东隅，收之桑榆"。从今天起，做个温暖的人，把爱送给每一个值得爱的人，让笑容融化冬天的冰雪。

　　从今天起，做个安静的人，身居斗室，看书、写字。从今天起，为自己活着，把一天过成两日，把短暂的人生过成自己喜欢的样子。管不了的就不去管了，生存的法则对谁都一样，真正的救世主不是别人，正是自己。

　　从今天起，认真过好每一天，像花儿一样，雨天享受雨露，晴天沐浴阳光。到了绽放的季节就恣意地绽放，不管别的花是刚刚发芽还是已经凋谢。能够结籽就努力结籽，不能结籽就剪下一段枝干插进土里，照样能焕发勃勃生机。

　　从今天起，遵从内心的指引，热气腾腾地活着！

2016年10月4日　星期二

　　口罩是癌症病人最重要的一道防线。每次进医院，丈夫都说，戴上口罩。从北京出院，跟医生告别，他也总是提醒我，一定要戴好口罩，千万别大意。

　　女儿给我买了一大包医用口罩，叫我一定要遵照医嘱，认真佩戴。

　　在北京、在医院戴口罩都非常正常，到处都是戴口罩的人。回到云南，就几乎看不到了。出门散步是我唯一的锻炼方式，戴上口罩，呼出的气会蒙住镜片，模模糊糊地看不清路，我不得不掀开口罩出气。表姐骂我："快别作了。"我只好又戴上。

　　假发也是癌症病人的必备品。头发掉光的时候，我安慰自己，我要买各式各样的假发，来搭配不同的衣服。长的短的，卷的直的，让自己成为一个百变美女。

　　到了商店才知道，根本不可能。一头真发做成的假发，最短的也要三四千，长的就上万了。化纤的倒是便宜一些，从几十元到上千元不等，但戴上不舒服，闷得慌。每一个乳腺癌患者都舍不得把钱花在这个地方。同病房的那个山东人有一个真发做成的短发套，戴上非常自然。每天一进病房，她就把假发拿下来，细心地理顺，轻轻放在一个专门的架子上，出门再戴。

跟着乳房去流浪

我和表姐挑了又挑,选了又选,最终忍痛花了3000多块钱买了个真发做的短发套,戴上去就知道不是我的头发,不好看也不舒服。天一热就出汗,才戴了几次,头就捂得发痒,只好丢到我家那尊美女塑像的头上。丈夫竭力安慰我:"你的头型很圆,光头很好看。"其实,好不好看我自己清楚,可我顾不了那么多了。

没法戴假发,就只好买帽子了。姐姐妹妹、妯娌小姑们看到好看的帽子就给我买,遮阳的、保暖的、休闲的、时尚的……我家楼梯的扶手上挂满了各种各样的帽子,真正戴得多的,还是我从民族服装店买来的那块绣花头巾。

从小我就不喜欢戴帽子,嫌麻烦。头发掉光以后,不戴又觉得不雅,担心影响市容。很多时候,能不戴就不戴。走在街上戴着,进屋就摘下,在家人面前就秃着头,顾不了许多了,什么也不在乎了。

2016年10月7日　星期五

秋凉了，却是菊花傲霜怒放的季节，朋友们纷纷在微信朋友圈晒花花草草的图片，格桑花占了太多的篇幅。其实格桑花是藏族同胞的叫法，我们叫松毛花、芫荽花，也叫野菊花。

就在大家赏菊念菊、赞菊咏菊之时，我们已经用菊花来做菜了。上坡安食这家公司种植的菊花是食用菊，既可以赏也可以吃。今天的吃法有些浪费，一盘一盘摘下清洗后直接入锅煮羊肉吃。我一直知道菊能吃，黄菊拌核桃仁，加上红色的小米椒、绿色的芫荽，色香味俱全，既养眼又养胃。当然，菊花茶是众所周知的一种花草茶，那不能叫吃，该叫品了。

古人有"品菊"之说，那样的品，应该只是欣赏吧。每年重阳节前后，文人墨客或相约登高"菊花插满头"，或聚在自家小院"东篱把酒黄昏后"。院里遍植各式各样的菊花，身旁还有几个善弄丝竹的美女，大家兴致勃勃地饮酒赋诗。当然有一道菜必不可少——大闸蟹。"金秋菊黄蟹正肥，持螯饮酒滋筋髓"一定是这样的场景吧。《红楼梦》里也写过螃蟹宴，李纨和凤姐伺候着贾母和薛姨妈剥完蟹肉又盼咐小丫头取菊花叶儿桂花蕊儿熏的绿豆面子来洗手去腥气。一群人围在老祖宗跟前，看花的看花，赏鱼的赏鱼，宝玉还提议作诗。于是，一帮才子佳人，先赋菊花诗，又咏螃蟹词，好不热闹。

跟着乳房去流浪

金秋时节,菊黄蟹肥,持螯赏菊,确是人生一大乐事。可是凡俗如我,不饮酒,不作诗,倒把这花中君子与那荤腥之物一起煮着吃,实在是罪过啊。

此花开后更无花,来年看花待何时?

2016年10月24日　星期一

又来北京住院了。

这已是第七次化疗,做完这次就只有一个疗程了。对这次化疗,我充满了期待,这是黎明前的黑暗。

因为心里怀着这样的期待,下午的辅助药水输得十分顺利。丈夫到肿瘤医院帮我复印病例。5袋药水,晚上6点来钟才输完。由于没人陪,我得时时关注瓶子里药水的情况,又不能起起坐坐,更不能上厕所,好在我还争气,硬是忍了一下午。

自打生病以来,我变得宽容多了,不再钻牛角尖,不再跟自己较劲,不再动不动就生气,真有点随缘自在、不悲不喜的感觉。我不知道自己还有多少时间,也不愿多想,我能做的只是开心地过好每一天。正因为未来充满不确定性,所以我更加珍惜拥有的一切。

我常常对自己说,我要把一天当作两天来过,不让有限的人生留下遗憾。心态平和了,反而觉得生活中处处充满惊喜——丈夫变得善解人意,心思大部分花在我身上;女儿乖巧懂事,我的病丝毫没有影响她的学习。

我不敢定什么高远的目标,只希望自己每天进步一点点。

当然,我最大的心愿是:饱经世事沧桑,内心安然无恙。

2016年10月25日　星期二

　　没想到会遇到熟悉的病友，就是那个来自齐齐哈尔的标致、易怒的女人。

　　她的三阴型乳腺癌和她那火爆脾气，以及她丈夫一声不吭的好性子，给我留下深刻印象，一直惦记着她。

　　她晚来了一天，住24床。用她的话说，她跟4特别有缘，做喉部手术的时候，是4号，星期四，在24号手术室；做乳腺癌手术的时候是7月14号，也是周四，在4号手术室。

　　跟第一次见她时相比，她像变了个人，虽然话还是多，但笑容也多了。人胖了，皮肤白嫩光滑，不再怨天尤人。对丈夫依然会责备抱怨，但这种抱怨更像是在撒娇。漫长的求医过程，让她想通了。她说，除了第二次化疗后回了趟家，其他时间一直在北京，老公请了长假，一直陪着她。她开始知道他的好了。

　　我看见她的时候，她似乎很高兴，她说她也一直在打听我的情况呢。原来，人与人只要彼此牵挂，心与心就是相通的。她说，听了我的话，她变了。我输液的时候，不时有病人进来跟她聊天，夸她心态好。同病房有两个第一次做化疗的，她还耐心地宽慰她们。我问到她的身体，她说医生建议她到骨科做穿刺，担心骨转移。说这话的时候，她没什么表情，看起来很平静，好像真的已经看透生

2016年10月25日　星期二

死。她接着说，哪怕转移到肝、肺，也就那么回事。

　　看着她，我想，漫长的求医路，不是摧毁了我们，而是成就了我们。命运再残酷，也摧毁不了一颗坚强的灵魂。

2016年10月26日　星期三

　　躺在病床上,盯着药水一滴一滴往我身体里流淌,时间就在这一滴一滴的流淌中慢慢消逝。而我,随着药水慢慢滴入,像游戏里的玩家,正在一点一点地恢复消耗掉的精力值。那么,这几十万的药水输完以后,我是不是就可以满血复活、重返江湖了?

　　从此不说当年事,剑走天涯万事休。

2016年11月7日　星期一

今日立冬，我却丝毫感受不到冬的寒意。

回家已经一周了，天气依然晴得喜人，湛蓝的天空洁净得犹如孩子的眼睛。白云是微风掀起的裙角，时而飞扬，时而低垂。

花有些累了，不知是风雨将至令它失落，还是烈日的炙烤让它无力。松果菊花容憔悴，日光菊开始结籽，黄金菊无力地蜷成一团，倒是波斯菊依然开得炫目。紫柳的花瓣飘落得满地都是，像是要用最后的美丽回馈大地的滋养，却凄美得让人心疼。

水更清亮了，湖边的树木花草与高楼倒映湖中，相映成趣。如果不是涟漪晃虚了身姿，一定会以为湖底也长出了同样的景致。草依然青葱得可爱，将山坡装点成一块厚厚的毯子，仿佛季节不曾从它身上走过。

幸福其实很简单，就是用一颗单纯的心，享受大自然的馈赠，收集美好的瞬间，赞美一切，感恩一切。

2016年11月8日　星期二

  冬日的玉林公园，绿得有些疲惫。板栗树的叶子开始发黄，却正好可以入画。华山松依然苍翠，不管季节如何更迭。倒是满树的红果果红得喜人，不知名儿，其味酸甜，不敢多吃。怕毒？怕醉？没有多想。

  低下头来，目之所及，除了满地的落叶，还有自然生成的高山沟壑。浓密、厚实的绿苔生机勃勃。这个世界，只要你愿意低头，总会有不一样的发现。

  1500米的步行道长度刚刚好，两旁的树木枝繁叶茂，遮天蔽日。锻炼的人们穿着短袖，步履轻盈。严严实实包裹着的我不敢随意减衣，只好任汗水悄然流淌。

  玉林山是除泰丰公园外我去得最多的地方。泰丰公园乃人工建造，树矮花多，早晚均可前往。玉林山则是天然的原始森林，树木茂密，负氧离子充盈。然而离家稍远，山林深处少人行，不宜独自前去。

  我虽病体支离，却依然自怜自爱、自珍自惜。想用余生看尽繁花似锦，阅尽人世沧桑。

2016年11月13日　星期日

　　整宿整宿地睡不着觉，明明是深秋，气候开始转凉，可我就是觉得热，一阵接一阵地出汗，枕巾都是湿的。

　　幸好是光头，比较省事。除了枕巾，我又拿了一块毛巾放在枕边，一把一把地擦汗。半夜醒来，又渴又热，就像待在蒸笼里。我起床，喝水，到卫生间吹头，用冷水擦脸，终于不那么燥热了，睡下没多久，又得重复一次。

　　我常常一会儿冷一会儿热，白天也一样。头晕，胸闷，脸上、脖子上莫名其妙地发红，手脚酸软无力，两条腿不知道怎么摆放，好像放在哪里都不舒服。

　　化疗药水对身体的摧残逐渐显现，指甲变黑，愈发怕冷怕热。一天到晚，一会儿减衣服，一会儿加衣服，就没有轻松自在的时候。我问了很多病友，她们说，化疗以后更年期提前不说，还要用各种针剂、药物抑制雌激素的生长，甚至需要切除卵巢。一个病友悄悄对我说，别在意，一定要按时服药，千万不能掉以轻心。她32岁那年检查出乳腺癌，保乳、化疗、放疗，该做的治疗都做了。8年后，却发现癌细胞转移到了淋巴、锁骨。医生先后为她制定了三种治疗方案，几个月就产生抗体，不得不换药。在北京待了一年多，连过年都在北京。她说，家里的钱花光了，房子也卖了。她说，孩子才

跟着乳房去流浪

上初中,她必须好好活着,不能让孩子没了妈。

秋风渐紧,小区里的婆娑树、银杏树的叶子掉得满地都是,枫叶还没有红透就开始枯萎。我的心随着翻飞的落叶四处飘零,我的青春也好似这落叶般一去不复返了。

2016年11月21日　星期一

　　从20℃的昆明飞到-9℃的北京，有种穿越的感觉。出得门来，看到树上、房上、地上，都覆盖着一层薄薄的白。风不大，却冷得刺骨。好在我穿得厚实，手套、大衣、帽子、围巾全都派上了用场。

　　去往医院的这段路不算长，我们踏着细碎的槐叶快步急行，似乎觉得不那么冷了。住院的人很多，同病房的全是没有见过的病友，暖气热得叫人慵懒。量体温、抽血、做心电图，总是老一套，没什么新鲜事。排队做心电图的时候，前面的母女俩对我的帽子发生了兴趣，继而对我的装束窃窃私语，最终忍不住问我是哪里人。我大大方方地告诉她们我是云南人。她们恍然大悟似的点点头，想来在她们眼里，云南人就应该是我这样的装扮吧。

　　下午的时光是在辅助药水无声无息的滴注和王安忆《长恨歌》絮絮叨叨的讲述中度过的。有书陪伴，又没有相熟的面孔，连最起码的寒暄都省了。

　　药水输完了，夜也来了。我没有心思体会北京的寒冷，只想快步回到住所，在临时租来的家里慢慢入眠。

　　这次出门，心情不是太好。一想到北京那么冷，而我却要在这座寒风凛冽的城市里待一个月，心里就特别不舒服。

　　故乡依然风和日丽、温暖如春，远离故乡的我尽管穿着羽绒服

跟着乳房去流浪

和靴子，却还是感到了北京的寒冷。

我的北京生活又开始了。

2016年11月24日　星期四

这是最后一次化疗，最艰难的考验，就要结束了。

主管医生的笑容很温暖，看得出来，他也在为我高兴。不过，我还是忍不住抱怨。我问他，为什么每次来北京化疗，刚下飞机，我就开始恶心？他说，你这个不算什么。我有个病人，只要有人提到我们医院就吐得一塌糊涂，有心理障碍了。他又笑笑，说，行了，这会儿好了，再也不用受罪了。

辅助药水滴得很顺利，想起一个病友说，她的血管都输瘪了，输液很慢很费劲。我没有，看来我一定能坚持完成所有的疗程，健健康康地活着。

最早到北京来看病，我一点心理准备都没有，天真地以为一两个月就能治好。一路走来，才知道看病的艰辛。

9个月了，不敢说久病成良医，至少积累了一些经验，我要梳理一下我的心得，希望能为需要帮助的病人提供一点帮助。

一、不管什么病，最好到大医院去治。毕竟大医院设备更先进，医护人员的医疗水平更高、临床经验更丰富。到外地看病，必须提前与本地的医保中心取得联系，按照他们的要求办好转院、入院手续。选择医院的时候，要提前做做功课，上网查询、了解该医院的哪些科室是重点科室，哪些专家是顶级专家。各大医院都有官方网站,好多三甲医院还可以网上预约挂号,很方便。

找到自己信任的医生后,一定要详细介绍自己的病情和看病过程;在地方医院做过检查的,要带上检查结果,供医生参考。

二、办理好住院手续之后,就可以放心地把自己交给医生了。虽然有些医生的负面报道较多,不过,好的总是大多数。相信医生,才能好好配合医生,齐心协力跟病魔战斗。乳腺癌的类型很多,大多以肿瘤的形式出现,自己平时多加注意,就能及时发现。肿瘤大的,一般是先化疗,肿瘤缩小后再进行手术。手术分全切和保乳两种。像我这种导管出问题的,一般是先手术后化疗,手术只有一种,全切。在选择保乳和全切的时候,心一定要狠,千万不要心软。以我的经验,最好全切,把癌细胞的生存土壤全部铲除,生存的可能性会大一些。

三、做不做化疗是一个艰难的选择。化疗以后,心、肝、肺、脾等内脏都会受到损伤,恢复调理是一个漫长的过程。但是,不化疗也不行,转移的风险较大。有一个朋友,手术后没有化疗,一年以后癌细胞扩散、转移了。做不做化疗要听医生的。进了医院,你所有的信息全都可以在医院的局域网上看到,你的医生团队会根据你的病理诊断报告单给你制定治疗方案。在方案实施的过程中,身体有什么反应一定要及时向医生反映。

至于放疗,一般来说,如果肿瘤标志物指标过高、肿瘤较大,或者腋下有转移,都得进行放疗。放疗是通过 X 射线、电子线、质子束等放射线,精准杀死癌细胞的一种方法。为了稳妥起见,医生一般都会为患者制定放疗方案。当然,我的放疗还没有开始,不知道今后会怎样。

靶向治疗是针对已经明确的致癌位点,采用特定的治疗药物进行治疗,药物进入体内会选择致癌位点发生作用,使癌细胞死亡,且不会波及肿瘤周围的正常细胞。就乳腺癌患者来说，如果医生的方案里有靶向治疗这一项，那么，恭喜你，与其他类型的乳腺癌患者相比，你存活的机会更大。

我研究过我的治疗方案，我会在第五次化疗时加入靶向治疗，因此，我对未来充满信心。

四、乳腺癌的治疗是一个漫长的过程，手术、化疗、放疗、靶向治疗结束后，还有三至五年的内分泌治疗，五年以后也不消停，得终生服药。也就是说，永远都得活得小心翼翼了，永远都得定时到医院复查、跟医生打交道了。

有朋友安慰我："宋美龄患的也是乳腺癌，人家活到了106岁。"我说："是啊，她做过两次手术，我只做过一次，看来我活到80岁没有问题。"我们哈哈大笑起来。

得了这种病，不能怨天尤人，只能接受现实，勇敢面对，按照医生制定的治疗方案一关一关地闯。我觉得每闯过一关，生存的希望就会大大提高。

手术、化疗这两关我已经闯过来了，那么，生存之光已经照进现实，我当然要勇敢地走下去。

2016年12月5日　星期一

好久没有写日记了。这段时间化疗已经结束，每天都在吃药、吃药，不停地吃药，恢复、恢复，不停地恢复……

这一次，该放疗了。然而早上起床时，发现我毫无征兆地感冒了。

部队医院的主管医生见到我有些惊奇，我这才想起忘记提前给他发短信了，来得有些唐突。好在放疗不用住院，挂床就行，住院手续很顺利地就办了下来。

出了医院，又是老一套，开始去超市买锅碗瓢盆。

路旁已经没有一丝绿色，杨树、槐树掉光了最后一片叶子，光秃秃的枝丫盯着来来往往的人群，北京人走起路来又快又急。

2016年12月6日　星期二

我们这次租赁的房子，在部队医院后面的泥洼路旁。

这是一个新建的小区，绿化树刚移栽过来，支着架子、打着营养液，就像正在接受化疗的病人。新住所令人满意，价格自然不菲，一个月的租金为7000多元。跟肿瘤医院旁边的弘善家园相比，这里小得多，管理也规范得多。房东应该很年轻、很时尚，房间里所有的布置、装饰都花了心思，收拾得非常干净、整洁。茶几和餐桌上还摆放着两盆小花。锁是密码锁，出出进进，不用带钥匙。

泥洼路这个名字颇接地气，很容易让人想起外婆他们村里的路。那是真正的泥洼路，一年到头，路上都是泥，牛车撵出的车辙里全是泥浆。一下雨，路就变成了小溪，"哗啦啦"地淌着水。我们光着脚在路上玩，一不小心就会陷进牛脚迹里。

北京的泥洼路从前是不是也这样？我不知道。现在的泥洼路虽然不如部队医院前面的东大街宽阔，但平整得很。道路两旁种着梧桐、槐树，除此之外就是商店、饭馆和住宅楼。小区就在部队医院后面，但走过去还是有1公里多。跟王府井、三里屯、后海那些繁华的商业区相比，这里显得低调、朴实，更有烟火气息，周围的住宅楼大都比较老旧。

街头还能看到缝衣服、补鞋子、理发的摊子。摆摊的都是老人，

跟着乳房去流浪

缝纫机、补鞋器跟我们小时候看到的一样。理发的更简单，一面镜子挂在墙上，摆放一张椅子、手拿一把推剪就开始营业。很多时候，这些摊子上是没有顾客的。摆摊的人也不急，几个老人聚在一起聊天。有两次，见到有人来理发，也是老人。摆摊的人大约也不指望靠这挣钱，只是为了找点事做，找个解闷的法子。

北京市全面禁止部队、机关进行有偿服务以后，凡租赁部队医院房屋的商店、饭馆全关了门。秋风一过，落叶满地，街上更冷清了。

2016年12月7日　星期三

　　因为要做放疗,这次的检查又多了几项,B超就做了四个,血抽了八管。

　　早上8点,到放射科找主任会诊。我们去得早了,前台说主任还没到,把我的会诊通知单送了进去。9点多的时候,一个女医生叫我的名字。我进去以后,她看了看我的会诊通知单,又看了一下我的伤口,说,有假体对放疗有影响。现在一般的放疗都采用电子射线照射,由于被假体遮挡,不好定位,电子射线也无法照到该照的部位,只能采用X射线。X射线照射较深,会引起假体移位、挛缩等,还会给心脏、肺带来一定的伤害。

　　她又带着我去找主任,向主任汇报了我的情况。主任说,不行就按常规来做,等以后转移了再进行放射治疗。主任说得轻松,我心里却忐忑不安,按照我的理解,常规做法一定会转移。

　　情况为什么会变成这样?因为我装了假体。所谓的假体,就是在做左乳切除手术的同时,植入一个人工乳房。

　　放疗科的医生和我的主治医生经过打电话商量后,提出两点建议,或者把假体取出后再放疗,或者回到给我做手术的肿瘤医院去进行放疗。放疗科的医生说,既然肿瘤医院的医生在手术时为我植入了假体,一定是他们的放疗技术更为先进和成熟,毕竟他们医院

跟着乳房去流浪

技术力量很强。

拿着会诊单回到乳腺内科,丈夫说不想做了。我的主管医生说不行,不做放疗,癌细胞转移的风险很大。他让我们去肿瘤医院咨询一下再作决定。

无法正常地在这家熟悉的部队医院进行放疗,我又一次面临两难的选择。不放疗吧,癌细胞转移、扩散的风险很大。放疗吧,如果对心肺伤害过大,假体出现问题,同样会给治疗造成影响。如果做手术取出假体,让我再挨一刀,我真的很怕。何况化疗后,身体的抵抗力已经下降,伤口能否愈合?我心里也没底。

怎么办?怎么办?我真的不知道了。

明天去听听肿瘤医院那边的意见再决定吧。

2016年12月8日　星期四

10:30左右,我和丈夫打车来到肿瘤医院,按照C大夫的短信提示,挂了一个普通号,终于见到了他介绍的医生。

这个医生态度很好,从电脑里调出我的病例,又看了看我的伤口,说,必须放疗,假体影响不大,我们经常做。丈夫又问了一下放疗方法,跟部队医院放疗科医生说的一样。我们还是不放心,问道:"会不会引起心肺损伤和假体挛缩?"这个医生说,总体来说,有10%的风险。放疗可能会引起心脏损伤、放射性肺炎、放射性脊椎炎等等。

回来的路上,丈夫还是决定不做放疗了。他说,如果造成心肺损伤,加上免疫力降低,恢复起来就更难了。他说我凡事喜欢自己做主,让我这次无论如何要听他的,让我回去开开心心玩,好好活着。只有我活着,这个家才完整,女儿才有妈妈。

我的眼泪流了下来。自从我生病以来,他非常辛苦,每次陪我来来回回奔波,承受的压力并不比我小。我虽然什么也没说,但心里已经答应了他。我说,不做就不做吧,按时检查,如果转移了再说。我实在不忍心他再为此烦恼,更不想因为我的一意孤行而加重他的心理负担。

我原本计划下午跟丈夫去部队医院找我的主管医生,向他汇报我们到肿瘤医院咨询的情况。临出门时,我忽然不想去了。我怕看到主管医生我会忍不住落泪,我知道他是真心为我好,一直希望我坚持把放疗做完。

  丈夫从医院回来后,让我明天还是去部队医院打针。预防骨质疏松的针要打,调节内分泌的针也要打,还得吃五年的药。另外,打靶向针要注意什么,回家以后怎么吃药,还有很多事情需要交代。

  其实在心里我还是犹豫的,放疗的风险应该低于不放疗的风险。大多数乳腺癌患者都会按照医生制定的治疗方案坚持完成整个疗程,所以她们才得以存活。我不放疗,需要依靠我自己的身体素质来战胜癌细胞,我没有必胜的把握。但是,既然丈夫这么不希望我做,我就不做了。

  女儿一直希望我遵照医嘱,按医生制定的治疗方案走完整个疗程,但是让我重新做一次手术,她也不忍心,所以最后她也同意不放疗了,说,太遭罪,不做就不做了吧。

  虽然这样决定了,可我心里还是不踏实。丈夫总说我做事犹犹豫豫,不够果断。其实在我的生命里,又有多少决定是我愿意做的呢?何况这是生与死的选择,我不知道这次我选择的是生还是死。

2016年12月9日　星期五

这一夜睡得一点都不踏实,很早就醒了。遵照主管医生的嘱咐,今早我要到医院打针。

我们发现了一条近路,穿过一个小区的后门就能到达部队医院附近,可以节约三分之二的时间。天气晴好,不知道为什么,每次来北京,天气都还不错,虽然冷,但是没有雾霾,已经很幸运了。

到了医院,我在日间病房输液。由于化疗,做骨密度检查的时候,发现我骨质疏松严重。主管医生开了唑来磷酸,虽然不太清楚这种针剂的具体功效,但应该是帮助骨吸收的。输唑来磷酸的同时加入地塞米松磷酸钠注射液,护士说是为了解毒。医生又开了止疼药,这么说,这种药物的副作用还是蛮大的。护士还说,用药后,骨痛、发热、关节痛和肌肉疼痛都是正常反应,不必过于担心。

开始治疗以来,我已经习惯了每种药的副作用,也懒得多问,撑着就行了,我总觉得只要撑过去就有希望。

丈夫还是不甘心,又去找医生咨询放疗的事。问过之后,又来跟我商量:"不然还是重新做手术,把假体取出来吧?他们都说,不放疗风险太大。要不就去取吧,一个外科手术,不伤害内脏,只是你得受点罪。"

我没说话,我讨厌决定了的事再变来变去,这样很折磨人的。

跟着乳房去流浪

他看我不同意,又去把医生们请进来给我做工作。医生都说,既然找到他们,他们就应该给病人最科学的治疗,他们得为我负责。他们说,就一个小手术,最多半个月伤口就会愈合,不会影响放疗。化疗是全身杀癌细胞,放疗是有针对性地杀死局部的癌细胞。但局部不做很容易扩散。我说,那就等扩散以后再取出假体重新治疗。他们说,扩散不一定在原地扩散,有可能扩散到全身任何一个地方。如果扩散到内脏,就很难治了。

我没有说话,只是眼泪又忍不住流了下来。

下午去打扰乱内分泌的针剂,打这种针剂是为了让雌激素慢慢不再分泌,让癌细胞不再扩散。据说,乳腺癌的产生与雌激素有关。医生给我用的是醋酸戈舍瑞林缓释植入剂,又名诺雷得,每个月打一针,在肚皮上打。因此,所有的病人都称它为"肚皮针",医生护士也跟着这样叫。护士会说,你今天有一针肚皮针还没打呢。

护士让我记住,这次是在右边打,下个月得打左边,因为下次不一定是她给我打针。这种肚皮针同样会引起掉发、关节痛、骨密度下降以及更年期综合征等副作用。

打完针,主管医生又过来找我谈话。当着我们的面给外科主任打电话,协调给我做手术的事。他说,如果假体和皮肤已经粘连,就麻烦了。这虽然是个小手术,但同样会产生积液,导流管是必须要带的。丈夫一听,又开始着急,他实在不愿意我受这种罪,就说,不想做手术了。

出了医院,丈夫对我说,还是戴着假体放疗算了,反正都有风险,为什么还要多遭受一次做手术的罪呢?吊着个导流管,天气又冷,感冒了怎么办?我说,如果不取假体,还是回肿瘤医院做吧,毕竟他们那边做得多,有经验。丈夫同意了,打电话给C大夫,请他安排放疗的事。

2016年12月9日　星期五

希望这个决定是正确的，我只想早点完成所有的疗程，开开心心做我想做的事。忘记自己是个病人，疾病才会真的离我而去。

2016年12月12日　星期一

　　整整七天，我们在犹豫和商量中度过。最后还是决定回到肿瘤医院做放疗。

　　下午事情不多，到放射大厅照相、领放射卡，再回到放疗科找医生，医生给我检查了伤口，让我填写了很多告知通知书，诸如自费药品自己负责、放疗有何副作用以及杜绝医护人员收受红包之类。

　　当一件棘手的事情终于处理完毕，我的心轻松得就像夏夜刚冲过澡的身体，闷热、焦躁顿时消失，只剩下洁净、清爽。打车回出租房，车似乎也懂得我的心意，走得稳稳当当、踏踏实实。黑夜就这样"唰唰"向后退去，根本不敢阻挡心的前行。

　　天上有月，下弦月，弯弯的，像孩子讨好人的时候故意眯起的眼睛，只看得到一条弯弯的眼缝。星星很暗，根本感觉不到它们在闪烁，就像山野绿地里的野花，若隐若现。

　　车在城市中奔驰，远远就看见星星点点的光在游动，它们是急速退去的路灯和不知疲倦的车灯，还有闪闪烁烁、流光溢彩的霓虹灯。

　　夜，忽然变得喧闹、璀璨起来。

2016年12月13日　星期二

接下来，又是各种检查。抽血、做心电图、做B超等等。

检查结束后，到放疗大厅定位。

定位就是根据我的病灶和我的身体状况，确定一个最佳的放射范围。肿瘤医院的管床医生把我领进定位室，让我脱去衣服，平躺在床上。三位医生让我左手扶住胯，开始在我身上画线。线画好后，感觉又用什么东西粘住，拿进来一个胶状的头模把我的脸紧紧糊住，把我送进机器里。头脸有些热，我试了一下，不影响呼吸。几分钟后，我被机器送了出来。医生揭去我脸上的模，脸上有水。一个医生递给我一块毛巾，说，可以了。他让我一定要记住左手的摆放位置。

回到病房，找到管床医生，她用紫色的棉签在我身上把定位好的线条重新画了一遍，又交代我，如果掉了色不要自己乱画，找医生帮忙画。她说，哪天做放疗，等会诊以后方案出来再通知我。

又回到了潘家园，回到了十里河，回到了地铁十号线。从这里开始治病，又回到这里放疗，印证了人们常说的那句话：从终点回到起点。

人生或许就是这样吧，从这里开始，就得从这里结束。

2016年12月14日　星期三

　　北京的天气很好，天气预报说没有雾霾。这在北京是一件值得庆幸的事。大姐说，北京真是对你不错，每次来天气都好。

　　放疗的事定下来了，心情好了很多。我想和大姐出去走走。

　　在王府井书店逗留了很长时间，出来后吃了碗山西刀削面，之后从协和医院旁边走，经过内务部街的时候，从深深的胡同口望过去，依稀有古老的四合院。我一次次回头望，大姐说，想进去看看吗？我犹豫了一下，说，进去吧。

　　走到39号院的时候，有一块牌匾上写着"梁实秋旧居"，下面有人用粉笔写着"谢绝参观"四个字。我停下来，大姐说，走，进去看看。我说算了吧，人家不让看。大姐说，没事，进去看看。

　　进门是一块照壁，左转是一排偏房，正面有一排房子，院子里堆满了杂物。一根铁丝拴在两棵树上，上面挂着新洗的床单。物是人非，已经没有一点梁实秋生活过的痕迹了。

　　再往前走，有一座修缮一新的院子，是一个文化活动中心，几个年轻人正在打扫卫生。年轻人说，这里每天都有活动，如果感兴趣，可以到门口看看日程表，欢迎参加我们的活动。院子的结构跟梁实秋旧居没有太大的区别，只是这个院里有一棵粗壮高大的树，树枝高高地斜插向蓝天。由于是冬天，叶子掉得一片不剩，看不出是什

2016年12月14日 星期三

么树。大姐问，这些屋子是古迹吗？年轻人拍拍树干说，不是，这棵树的根系太发达，把老房子都顶裂了，这是重新盖的。新盖的那排房子门口有四棵玉兰，花芽还躲在毛茸茸的花被里。

回到街口，才发现街口有介绍，原来这条街在明朝叫黄华坊，是演出场所。清朝属镶黄旗的辖地，宣统年间是民政部街，民国初期因内务部在这里办公，被称为内务部街。

史家胡同24号院，是著名女作家凌叔华的旧居。凌叔华的父亲凌福彭和康有为是同榜进士，历任户部主事、知府、府尹等职。凌叔华的丈夫陈西滢是中国现代著名的散文家，可惜他的作品我没有读过。

在史家胡同住过的名人实在太多。傅作义曾住史家胡同47号院，周体仁住35号院，范汉杰住53号院，罗工柳住31号院……

史家胡同20号院是北京人艺的摇篮，1952年6月12日，在史家胡同56号院内举行了北京人艺成立大会。时任北京市副市长的吴晗宣布北京人民艺术剧院成立，任命曹禺为院长，焦菊隐、欧阳山尊为副院长。北京人艺的许多导演、编剧、演员、舞美都曾经在这里工作、居住过。

在北京，文物古迹比比皆是，名人故居更是随处可见，这是一座有深厚文化底蕴的城市。

2016年12月15日　星期四

等通知，等放疗的时间。

我又在肿瘤医院附近租了房。漫长的治病经历，让我积累了许多租房的经验，也让我学会絮絮叨叨地讲价钱谈条件。仅用了半天时间，我就把自己安顿了下来。

很多个夜晚，总是做同样的梦。梦见我穿着一件白色的衣裙，独自一人伫立在苍穹之下。周围寂静无声，黑夜像一张巨大的网，包裹着孤独而卑微的我，夜空里只有一颗星在注视着我。

每次从梦中惊醒，那种凄凉无助的感觉都会紧紧追赶着我。回到现实中，我摸着惊魂未定的心，想起梦中那颗星。那是梦中唯一的光明。我不知道我的生活是不是一直深陷在一片黑暗中，是不是我的内心充满极度的不安和恐惧。这样的梦一直追随着我，充斥着我整个的少女时代。在梦里，我不停地奔跑，跑到山顶。只觉得背后有人有动物有鬼在追我，或者什么也没有，就是有一种说不出的恐惧，恐惧到让我毫不犹豫地从山崖上往下跳。醒来的时候，大汗淋漓。我跟我妈讲我的梦，她总是轻描淡写地说一句，你又长个了。

十四五岁的时候，我迷恋上了一首日本歌曲《星》。这首歌总是让我想起我的梦，慢慢地，我把梦里的星和歌里的星融合在一起了。这首歌是程琳唱的，她跟我差不多大。她的声音干净清纯，像

2016年12月15日 星期四

山野吹来的风。不过,那个年代,不是谁家都有录音机、留声机。听歌是一件很奢侈的事。

  我经常在晚饭后跑到爸爸单位的一位叔叔家听歌。他家有一台留声机,我一遍遍听,并用笔一字一句记下歌词,甚至连日语也用中文把发音记了下来。由于听得多,留声机的唱针该放到哪里才会播放这首歌,我都一清二楚。叔叔家有孩子,还有个比我小一两岁的女孩,他们好像不喜欢听歌,吃过饭不喜欢待在家里,总是在厂区里乱跑。我也不管他们在不在,不管我有没有伴,甚至不管他家有没有人。每天吃过晚饭我就跑到他家敲门,门一开,我会很有礼貌、嘴巴很甜地说:"叔叔,婶婶,我想听歌。"他们就会把留声机打开,让我听。我一个人坐在角落里,再也不跟他们说话。叔叔是厂里的领导,有时候,他家会有很多客人,串门聊天的、吹牛拍马屁的,我一概视而不见、听而不闻。我把声音调低,安安静静地坐在留声机前一遍又一遍地听《星》。有时候,叔叔一家要出门,看我还在,交代我听完歌回家时一定要把门关好。

  我16岁离开父母到省城读书,离学校不远的地方有一条废弃多年的铁路,穿过铁路有一大片草坪,我们都叫它大草坪。那里的草又深又壮。想家的时候,我会一个人悄悄跑到大草坪,躺在草地上,随手摘一茎野草咬在嘴里,仰头望着星星。那时的星星可真多,密密麻麻地朝我挤眉弄眼。

  有时候,我会闭着眼睛小声哼唱:"踏过荆棘,苦中找到安静。踏过荒野,我双脚是泥泞。满天星光我不怕狂风。满心是希望,过黑暗是黎明。"我特别渴望有一颗星,能够寄托我的憧憬,能够指引我走向光明。

  然而,我一直没能遇到那颗星。

  毕业以后,我被分配到一个大山深处的三线工厂。白天是满眼的绿,晚上是寂静的风。宿舍门口是一条长长的走道,我常常搬个凳子坐在走道上看书、织毛衣,看着那层层密密让人窒息的绿。天黑了,我还是一动不动地坐着,等待冷风吹出一颗颗星。

我瘦小体弱,从小在县城长大,不习惯厂里繁重的工作,不喜欢那些把工厂子弟和外招人员区别对待的人,更不喜欢那个躲藏在山沟里,几乎与世隔绝的三线工厂。除了上班,我没有其他任何活动,日子过得枯燥无味、寂寞无聊。我常常把自己关在宿舍,看一些杂七杂八的书。或者把录音机的声音开得很大,躺在床上听歌。我还会在满月的晚上,悄悄出门,爬上单身宿舍旁边那座小山,仰着头看天上的月亮。月亮像个顽皮的孩子,一会儿钻进云里,一会儿露出半张脸,玩着躲猫猫的游戏。

春天的周末,我会买上一些零食,背着包跑到罗桂村后面的大山上,坐在杜鹃花凋零的树下看书、吃零食。我总觉得偌大一个厂里,没有一个与我同行的人,也没有一个懂我的人,只觉得无尽的孤独与寂寞挤压着我,想要掏空我的青春。我常常在寂寞的夜里,一遍又一遍地哼唱:"星光灿烂,伴我独行,给我光明。带着热情,我要找理想,理想是和平。寻梦而去,哪怕走崎岖险径。"

现在想来,那时的我处于一种极度的不安之中,我不知道该走一条什么样的路。车间里机器轰鸣,说话不得不扯开喉咙,大声吼叫。大锤一声一声有力地撞击着我的耳膜,一年四季没法穿件漂亮的衣裙。工作服上沾满了油污,脚上的翻毛皮鞋扭曲变形,肮脏丑陋。最让人难以忍受的是,无论我怎么努力,总是做不好手上的工作。我磨出来的钻头根本不行,钻出来的孔无论如何也过不了质检员游标卡尺正负两丝的标准。为了不出废品,群钻一直是师父磨好,我只管按图纸要求拿来就用。在我的内心深处,有一种说不出的挫败感。我很清楚,我不是做这种活计的料,却又无法改变自己的命运。

2016年12月15日　星期四

工厂在一个山沟里，抬起头来，只能望见厂区上方的一片天，这让我想起"井底之蛙"这个成语。我觉得我就是井底的那一只青蛙，无论怎么蹦跶，都蹦不出那口令人窒息的井，看不到外面的世界，我感到无比惶恐。

每天早上6点，我按时起床，到厂区跑步，顺着栽满梧桐的林荫大道，从一车间跑到九车间，再从九车间跑回宿舍。初升的太阳被树梢剪碎，细碎的光影照着我满是汗珠的脸庞，我在用身体的疲惫抵御内心的荒芜。

我对抗现实的方法是刻苦自学，每天吃过饭就待在宿舍看书。可是，只要宿舍的灯一亮，就有人来聊天、打牌。我只好吃过晚饭就关灯睡觉，等到夜深人静再开灯看书，或者借技术组的钥匙到他们办公室看书。

二十多年后再回到厂里，看着山林掩映下的办公室，我忽然感到一阵后怕，寂静漆黑的夜里，我居然敢一个人坐在空无一人、说话有回音的办公室看书，不知哪里来的勇气。我把自学考试当成我心里的那颗星，想在它的照耀下找到光明。可是，自学实在不易，我到底没能坚持下来，那颗星只是明亮地闪烁了几下，就隐退了。我又陷入空虚、惶恐之中。

同屋的姐妹结婚了，师妹也开始恋爱，我陷入更大的空虚和寂寞之中。百无聊赖的时候，我跟着厂里画国画、做根雕的人到山上看风景、刨树根；跟着师傅、师妹到河边钓鱼，到山上挖兰花捡蘑菇；和新分配来的大学生写广播稿、弹吉他。但是这些尝试，终究没能发展成业余爱好，内心依旧一片空虚。

调离工厂，有了家有了孩子以后，丈夫到乡下挂职，我独自带着孩子，忙得不可开交。几乎每天，孩子入睡以后，我一个人坐在阳台上，月光像水一样从夜空里淌了进来，那种寂寞、空虚又像影子一样跟随着我，让我坐立不安。盯着夜空里那颗星，我有些恍惚，我不知道我已经一把年纪了，为什么还在仰望那颗星；为什么我仰望了那么久，还是没有找到属于自己的路。

孩子上大学以后，我真正清闲下来，更是无聊。我像只关久了的鸟，一下子打开笼门，却茫然不知飞往何处，只是到处乱窜。我想学点东西，打发时间，找点寄托。我想学古筝，又不好意思去古筝培训班，那里的孩子最小的才三四岁。后来，我又学过太极，参加过登山队，参加过爱心团队，却都没能坚持下来。

直到我遇到了文学。

我像一个学生一样每天乖乖地完成作业，看着我毫无才气的文字，我的心就像秋夜的月光般清冷。当第一篇文字变成铅字，我感到一种说不出的满足和开心。这种开心是真实的，并非虚妄。我不再为丈夫的晚归而耿耿于怀，不再为女儿的远游而提心吊胆。文学让我充实，让我宁静，让我知道原来独处是一种能力、一种修行。我拼命地看书，从书中看世界、通人情。我勤奋地写作，写身边让我感动或心痛的瞬间。文学让我俯下身子，关注这个社会最需要关注的人。让我包容他人的观点，走进他人的世界。

做完手术很长一段时间，我都比较颓废。我怨天怨地，愤愤不平，我发现我始终走不出癌症、死亡这个阴影。手术后，左臂无法上抬，我无法弯腰，甚至无法自己起床穿衣、梳头洗脸。我对自己充满了嫌弃和憎恶，我忽然觉得一个人无法自理是一件多么让人难以原谅的事。无所事事，更容易胡思乱想。我想看书，可是左手抬不起来，不能翻书。我只能用右手不停地划动手机，翻看微信朋友圈。实在无聊，打开电脑，试着用右手写点东西。不敢坐太长时间，累了就躺一会儿，起来再写。

这样日复一日地打发时光，我居然从惶恐中镇定下来。且将一

2016年12月15日　星期四

切交给命运，我只需好好配合医生进行治疗，努力过好每一天。

许多个夜晚，当我关上电脑，看着窗外浩瀚的夜空，我再一次想到梦里那颗星。我知道，世上没有绝望的处境，只有对处境绝望的人。我知道，文学就是那颗给我希望、催我奋进的星。

2016年12月16日　星期五

天气很冷,这样的天气在北京根本不敢外出,还好,我居然没有感冒。

我妈说,生我那一年雪下得真大。到底有多大,我妈没说,只说生我的那天,黄昏开始飘雪,生我的时候,那个叫翠华的小山村就已经被白雪覆盖。外婆开门倒水的时候,脚已经无法迈出门去。

那个寂静的深夜是被我的哭声划破的,不过我还是没能哭醒村里的人。外婆把剪刀放在火上烤了烤,剪下脐带,把我用破布擦擦、包住、捆好,放在火塘边的小床上。我妈满身是血。

外婆不停地往灶里添柴火,想让那间破旧的宿舍暖和点。外婆说,要不是那笼火,你这个小丫头早就冻死了。我与火的缘分从一出生就注定了。

读小学的时候,炉火是学校非常重要的设施。学校由村里的一座小庙改建而成,在海坝边的一块岩石上,与村子只隔着一条小路。每周的劳动课都是到山上砍柴。我们只有在夏天积攒下足够多的柴火,到了寒冷的冬天,简陋的教室里才能让人待住,老师才可以安心地把课讲完,同学们才能暖暖和和地上课学习。那些年,冬天特别冷,杉树上堆满了雪,竹叶上的冰可以一整块地从上面掰离,屋檐下吊着长长的冰凌。下课的时候,孩子们都围在教室的火塘边,

2016年12月16日　星期五

挤不进去的，只好坐在木板搭成的凳子上挤，用尽全身的力气挤过来挤过去。虽然手依然冰冷，但身上有了热气，似乎觉得不那么冷了。

我的童年、少年时代，都是挤在火塘边长大的。我的家乡是产煤大县，那时候煤没有现在这么值钱，很少用于工业生产，主要用来取暖做饭。我妈调进城里后，单位每年会分一些煤炭。我们家院子里的空地上除了堆着柴火就是煤炭。我爸在煤堆旁搭了个猪圈，养了两头猪。人要吃，猪也要吃，煤炭有些吃紧，哥哥打算和我一起，把碎煤渣做成炭粑，继续使用。我们得去窑坡上背些垩泥回来，掺在碎煤里，用脚踩，踩到煤和泥黏在一起，铲到铁盆里，在院里盖出一个个黑色的大粑粑，烧的时候用火钳从中间戳开，分成小块再烧。

不知道烧了多少煤，也不知道做了多少炭粑，爸妈终于把我们养大了。

我在三线工厂工作的时候，一点也不喜欢那个深藏在山沟沟里的大厂。虽然师傅很好，他的三个女儿跟我相处得也不错，每个周末我几乎都是在他家度过；但繁重的体力活根本不是瘦小的我可以胜任的，我常常有一种力不从心的感觉。冷却用的煤油熏得我吃不下饭，焊工的焊枪喷出的火焰让我害怕，液压机差点压坏我的食指。最重要的是，工厂里没有火。单身宿舍和食堂也没有取暖之火，好像我们不需要火也能生活得很好似的。我是多么怀念温暖的炉火啊。我怀念火塘上常年炖着的酸汤，怀念炉子里烤洋芋的清香，怀念一家人围坐在火炉边的夜晚。我妈教我们唱儿歌："大雪天，真有趣，堆了个雪人做游戏。"围着火炉，我妈开始讲故事：苏老泉，二十七，始发愤，苦读书，考状元。终于，我忍不住跑到厂门口的大桥边，在夜色中，看着"轰隆隆"的火车像一条火龙疾驰而过，心里暖暖的，但还是落了泪。

有了自己的家,有了液化灶,再也不用生火了。下了班,一摁开关,火苗就"呼呼呼"地蹿了上来,很快就能炒几个可口的小菜。倒上两杯酒,与爱人对酌共饮。

这样的日子维持了小半年,丈夫调到乡下,我有了孩子。孩子出生以后,我又开始生炉子,用的是那个年代特有的一种煤,因中间有九个洞,看上去如蜂窝状而得名"蜂窝煤"。我把炉子提到楼下,点燃柴火,把蜂窝煤放在上面烧红,提到屋里,把女儿的尿布、衣服搭在椅子上烤。烤干后,取一块干净的大布铺在地上,拉平,把烤干的尿布、衣服放在大布上晾着。

孩子大了,到外地上学去了,我再也没有生过火,火似乎从我的生活里消失了。

爸爸死后,爷爷奶奶、外公外婆相继离开了我们,年纪轻轻的嫂子也突然病故。火,好像又回到我身边。

每年的农历七月十五,我妈总会制作很多纸包。纸包里装着各式各样的纸衣服、纸鞋子,还有大沓大沓的冥币。我们来到离小区很远的地方,找一个僻静的角落,用粉笔画几个大小不一的圆圈,把包好的纸包放进去,点上火。

火熊熊燃烧起来了,我妈念念有词,多是"不要节俭,使劲花,保佑子孙们健康平安"之类的话。边念叨边把盆里的菜、汤、豆角一勺一勺泼进画好的圆圈里。

逝去的亲人们啊,只有在一年一度的火光中才会被我们思念和祭奠。

而我,总是怀念那些有火的日子,在回忆中重温昔日的温暖。

2016年12月17日　星期六

又是难得的好天气,我决定去医院附近的潘家园古玩市场看一看。

不识宝,自然没有捡漏的奢望。到那里逛逛,无非是想凑凑热闹,长长见识。

除了售卖玉器的地摊,旧书摊是最热闹的所在了。天寒,去得晚了,没看到人头攒动的景象。书摊上的好多书已经被人买下了,一大摞一大摞地堆在一旁,等待快递出去。我忍不住抽出几本看了看,没觉得有什么稀奇的,不知道买这么多书做什么。

书摊上也并非全是书,还有其他一些纸质的旧物件。邮票、烟标、纸币、书信、老挂历、老年画,甚至结婚证、笔记本、速写稿等等都有。看到这些东西,想想家里那些想丢一直没丢的无用之物,说不准哪天就成了稀罕物,还是留着好,家里乱点儿就乱点儿吧。

书摊前人太多,抱着看热闹的心态也不想跟别人去挤,倒是买书的人让我感动。北京人到底素质高,确实爱读书。到潘家园买书的老年人很多,年轻人也不少,十来岁的孩子也有,但像我这样生着病却不安分的人应该不多吧。

大部头很多,辞海、名著居多。旧书的价值在于版本,每个年代出版的书都带着那个年代的烙印,尽管内容并没有太大的不同。

跟着乳房去流浪

我把目光锁定在20世纪90年代以前,可惜,鲁迅文集总是凑不齐,偶尔有齐整的,价格又高得离谱。

经过古玩摊,我还是忍不住瞟了几眼。这些东西在我眼里很神奇,尤其那些带着血沁的玉器,谁买了,会不会上演一部玄幻大戏?玉这种东西在我们那个地方是有讲究的,都说玉认主,自己的玉佩,长期佩戴,会养出自己的气息,摸都不能让人摸的。玉还会护主,这一点我深信不疑。前年我妈不小心摔了一跤,把玉镯摔碎了,自己却一点事都没有。一个七十多岁的老人,眼睛又不好,若不是玉护着,怎么会一点事没有?所以再好的玉,如果别人戴过,我们是万万不会要的。

潘家园确实很有意思,如果身体允许,我想,我会再来的。

2016年12月18日　星期日

  我家院里有棵桂花树，搬家的时候，弟弟送来一棵玉兰，说有贵（桂）无玉不完美，有贵（桂）有玉才是"金玉满堂"。这个说法有些俗气了，倒是我名字中有玉，且爱花成痴，所有的花在我眼里都是有灵性的，所以就留了下来。

  玉兰原本在二三月开花，云南气候好，头一年的十二月份就会开花。一般来说，开花时不长叶，有叶时不开花。我家这棵玉兰倒好，早春盛开，并无异样。待花朵凋零绿叶满枝的时候，居然又从绿叶中展露娇容，虽然花型微小，花色略淡，却让人感受到娇弱柔美背后蕴藏着一股力量。

  生病以后，我远离云南到北京治病，住院楼前面的空地里也有几株玉兰。每次从楼前走过，忧心忡忡的我总忍不住会停下来看看，想想家里那棵一直努力盛开的玉兰。

  养好伤口，进入化疗阶段，每隔21天跑一次北京。每次从北京回来，全身酸痛无力，恶心厌食，睡不动了，慢慢起来坐在饭厅，看看窗外的玉兰。玉兰花开得越来越小，颜色更淡了，由紫粉变成了浅白，在宽大肥厚的绿叶的掩映下，显得有些柔弱、憔悴。我忽然觉得这花是懂我的，它好像知道我生病了，一直这么顽强地开着，不言不语地陪着我。

跟着乳房去流浪

最后一次化疗结束后,回到家,已近深冬。玉兰花落光了最后的花瓣,叶子随着秋风一片一片慢慢凋零,就像我的头发经过一次次化疗的摧残,已经不愿待在我的头上,一根一根没有话别就离开了我。

按照治疗方案,化疗结束一个月,就该进入放疗阶段。离开家的时候,我看了一眼玉兰,它坚持了一年,终于还是谢了,躲进了毛茸茸的花被里。我有些伤感,不知道从什么时候开始,我把自己的命运同它紧紧联系在了一起。虽然我知道春风一吹,它又会挣脱束缚,重新盛开。看着隐藏的花芽,我对放疗有一种说不出的恐惧,我不知道放疗时会经历怎样的痛苦,放疗之后我又能有多少存活的希望。

北京的冬天,气温很低,室内的暖气又闷热得让人难以忍受。这种温差较大的冷热交替对于每一个云南人来说都是一种考验,更何况我这样一个免疫力受到严重破坏的病人。我毫无征兆地生病了。鼻涕流得越来越多,常常不经意间就滴了下来,等我掏出纸来,鼻涕已经掉到了地上。喷嚏也接踵而至,一串未止一串又响,眼泪也淌个不停,像是身上的开关也被冻住了,所以才会涕泗横流。

终于还是没走,选择继续按方案治疗。每次都这样,选择化疗的时候也是这么犹豫不决。选择永远是艰难的,尤其是站在生命的岔路口,我不知道应该往左还是往右,不知道哪条路是生哪条路是死。我害怕一不小心抓到死亡那枚签,让我永远没有反悔的机会。我定下心来,跟丈夫说,不管是生是死,已经尽力了,我绝不会有任何怨言。

一年了,对北京的印象就是医院到出租房那段路,路旁那些卖小吃的摊子,跪在医院门口乞讨的人,拎着放CT片子的塑料袋匆匆忙忙赶路的人,凌晨3点多就到医院门口排队的人,以及站在冷

2016年12月18日　星期日

风里拿着租房信息的二房东……

　　我发现玉兰花在北京到处都有。史家胡同的大院里有，潭柘寺的大殿门口有，医院里也有。虽然都还光秃秃的没有一线生机，但我还是一眼就能认出它们，并能准确地判断出哪一株是白玉兰，哪一株是紫玉兰。

　　快到元旦了，朋友圈里有人晒玉兰花的美图，发私信一问，朋友说云南的玉兰已经开了，还是那么洁净高雅、端庄秀丽。赶紧给家人打电话，问，咱们家的玉兰花开了没有？

2016年12月19日　星期一

　　日子过得真快，又到了做靶向治疗、打赫赛汀的时间了。

　　赫赛汀是进口药，这种药的作用主要是防止癌细胞转移。但并不是所有的乳腺癌患者都能用，只有免疫组化结果 ER+、PR+、HER2+ 的病人才能使用。我的病恰好可以用，好些病友满怀羡慕地说，我们想花钱都花不了。

　　中国癌症基金会对使用赫赛汀的患者有一个优惠，家庭年收入不到15万的可以买6赠8，就是买6针赠8针。赫赛汀贵得令人咋舌，每针24500块。如果申请不到赠药，我单这一项治疗的费用就需要30多万。如果申请到，就可以省下20多万。

　　申请赠药需上报的材料十分芜杂，工资证明、完税证明，父母、儿女的收入情况等等，就连我已经去世8年的父亲，都得我们回老家找有关部门给他开具死亡证明。

　　到今年为止，我们国家已经有7省38市将赫赛汀纳入医保范畴，但云南还没有。

　　我这是第五次打赫赛汀。第五针过后，要申请赠药，还有很多资料需要补充。丈夫昨晚从云南飞过来，就是要等我打了这第五针赫赛汀以后，将资料补充、完善后寄到中国癌症基金会。

　　向肿瘤医院的管床医生请过假，打车到部队医院打赫赛汀。部

2016年12月19日 星期一

队医院的病人少多了,但挂号、付费、开药、买输液针头,所有程序办完还是到了上午 10 :30。病人几乎都走了,日间病房空荡荡的,就像我此刻的心情,空旷、茫然。窗前那盆金边吊兰长得郁郁葱葱,完全感知不到病房里的郁闷和哀愁。

一年了,我奔波在求医的路上,往返于各大医院,没法到山野田间看花寻草,欣赏大自然漫不经心撒下的景致,只能到人少的公园观看人工建造的景观,心情也跟着别扭起来。

看到粉蝶、黄蜂自由地在花间嬉戏、劳作,鸟儿在枝头飞来跃去,松鼠飞快地掠过花间,不禁对它们充满了羡慕。自由永远是人类最大的渴望,但是我不能洒脱到丢下生命和爱去寻找自由。

人不可能一辈子快乐无忧,当然也不可能永远不幸,只有经历过磨难,才不会在生活的暴击之下惊慌失措、一蹶不振。痛苦会让人成长,这场病让我明白了,世上本无圆满,人生不如意事十之八九。

病中总会瞎想,好的结果、坏的结果,都想到了。很多事情事先想想也好,免得事到临头措手不及。

2016年12月20日　星期二

昨天肿瘤医院的管床医生给我打电话，让我今早去验血。

医生说，我的手臂术后恢复得不好，不能上抬。原来做的计划执行起来难度较大，这几天正在和理疗科的医生商量这个问题，让我再耐心地等等，最晚下周，一定能做放疗。丈夫又问医生："我们要做几次放疗？春节前能不能做完？"医生回答说："15次，肯定能做完。"

既然如此，我只能耐心地等待了。

这家肿瘤医院技术力量雄厚，是全国知名的医院，在治疗癌症方面的地位牢不可破，全国的病人都往这里涌。所以，对于等待，我已经习以为常了。

下午两点，我的主治医生来到病房，看了看我的伤口和左手的恢复情况，让我到制模室，重新画线制模。说原来的方案不够好，主要是肺的受剂量有点大，会对我的肺造成伤害，必须重新定位、重新制定治疗方案。

这意味着此前的工作白做了，只能重新开始。

我的手无法抬到理想的位置，我很努力，忍着疼痛扭着手，医生用一块发烫的蓝布裹住我的上身，我问，这是什么东西啊？医生说，是一种化学物质，给你的手和上身定个位。从制模室出来，又

2016年12月20日 星期二

进了画线室，定位后需重新画线。

等我画好线出来，那个蓝色的模已经交到大姐手里，里面发烫的液体已经干了。我的模型怪怪的，有些扭曲。我对大姐说，好难看啊，我就这鬼样啊？大姐说，病人嘛，谁的也好看不到哪里去。

我们抱着制作好的模型回到检查室描过线后，管床医生叮嘱我要加强锻炼，说她今晚得加班给我制定放疗方案，确定靶位。我很着急地问："什么时候能开始进行放疗？"她说制定好方案以后还得请主治医生过目，方案通过才能安排放疗，估计得到下周了。

2016年12月21日　星期三

　　夜太深梦太长，整夜的梦，让我睡睡醒醒、醒醒睡睡，恍恍惚惚中我来到了一片格桑花海。

　　那些美丽的格桑花已然凋零，偶尔有几朵在枯黄憔悴的枝叶上瑟瑟发抖，就像我那盏几近熄灭的心灯，闪烁着黯淡微弱的光。

　　在这漆黑的夜晚，我忽然如此害怕孤寂。我常常在这样的深夜想起从前，想起那个冬日的傍晚，河边清风徐徐，芦花摇曳，我采了一大捧芦花，回过头来，他依然站在桥上痴痴地凝望着我。我回到桥上，他伸手轻轻拿走我发间的芦苇。我想起梧桐飘零的云水厂，他固执地拉住我的手，说，别人能给你的，我都能给你；别人不能给你的，我也会给你。

　　我梦游般在这个漆黑的夜里游荡，心忽然疼痛难忍，可是，这样的痛我又能说给谁听？

　　说出来的痛不叫痛，真正的痛，藏在心底。

　　一夜无眠，我在想，身体的疼痛是不是可以替代心灵的疼痛？我似乎又看到冬日的阳光下，他静静地走来，我情不自禁地想靠近他、靠近他。那一瞬间，心忽然狂跳、迷乱，牵动了我的神经，痛得我满身大汗。

　　我把自己坐成一朵寂静的雪莲，晶莹的泪滴如雨后的露珠，一

2016年12月21日 星期三

粒一粒，一粒一粒地向下渗透。

初冬的暖阳慢慢地升起来，依然灿烂地笑着。连我自己都忘了那些伤痛。夜里的痛慢慢淡去，时间是最好的良药，繁忙是忘忧的乐园。伤口好像结痂了，愈合了，虽然仍有个疤，但至少可以假装忘记，不去想，不去看。时间长了，心也学会欺骗，让你产生一种错觉，觉得幸福一如从前。

甚至，你会慢慢贪恋这种通过自我暗示得来的幸福，舍不下燕子衔泥般辛苦筑成的家，舍不得孩子，舍不得外人眼里一大家子的平静与和谐。你会努力维系这种幸福，让人心生羡慕、赞不绝口。

习惯了平静，习惯了不再想起，习惯了一潭死水、波澜不惊的日子，甚至不愿去回忆那份伤痛，选择性地把那些痛埋在心灵最深处，永远不去触碰。

慢慢地，那些痛居然消失了，只有今夜，疼痛重新袭来……

在每个下雨的日子，我觉得自己就像那随风飘荡的雨滴，无处栖身，找不到心灵的归宿。

我明白，这个世界，从来没有十全十美，也没有谁能永远活在阳光里。每个笑容背后是不是都藏着不为人知的秘密？是不是都有不愿向人诉说的痛楚？当我用心走近他人，发现很多人并不像表面上那样光鲜亮丽。他们坚强，他们快乐，只是因为他们具有化解痛苦的能力，或者说学会了不想、不提，把痛封闭，永远不让心里的痛出来伤人伤己。就像他们学会了自我化疗，杀死了身上想要置他们于死地的癌细胞。

只能自己咀嚼的痛是真痛，它像一只蚂蚁啃噬着我的心。

这些疼痛，常常像冬夜的雨，一滴滴，冷成了一道凄凉的风景。不如什么都不说，就让它随风飘散，好像从未来过一样。

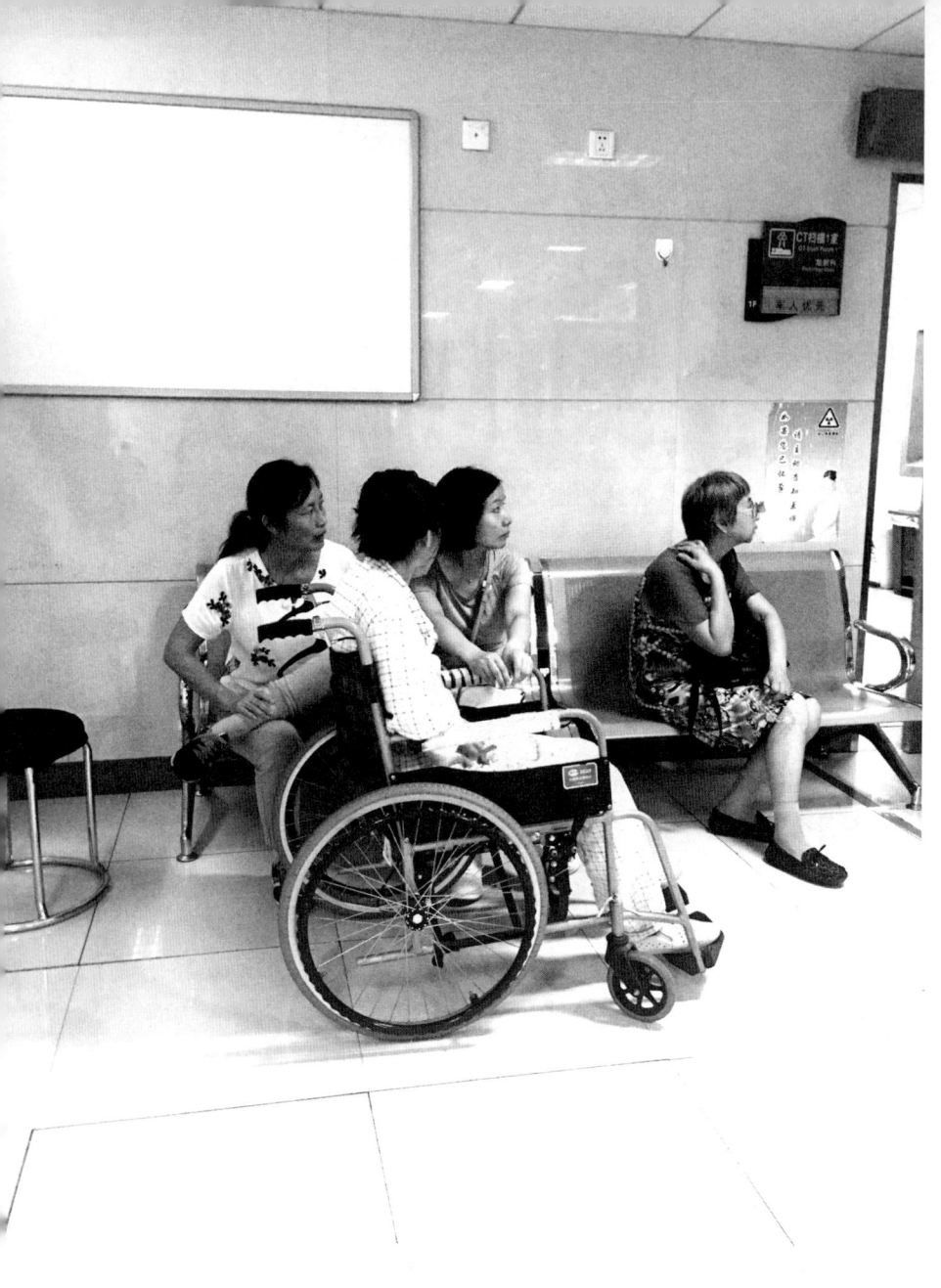

2016年12月25日　星期日

想到明天我可能就要开始进行放疗了，朋友们决定带我去潭柘寺许愿祈福。

潭柘寺始建于西晋，是佛教传入北京地区后最早出现的寺庙，在北京一直流传着"先有潭柘寺，后有北京城"的说法。据说在这里许愿，特别灵验。朋友们的心思我明白，他们希望我在治疗之前，烧烧香、拜拜佛，请菩萨保佑我在经过一次次残酷的治疗之后，能够痊愈，成为一个健康的人。

潭柘寺距今已有1700多年的历史。四面环山，古树森森，殿宇巍峨，环境优美。由于天冷，游客不多，感觉格外幽静。

在大雄宝殿敬了香，磕过头，我再也没有看景游乐的心情。而朋友们却带着我，一个殿一个殿地敬香磕头，请祈福丝带，我只管跪在佛前喃喃低语。

到了药王殿，朋友递给我一个桃，让我供在佛前。殿里没有一个人，我跪在蒲团上，眼泪一滴一滴往下掉。我暗暗祈求药王保佑我，在经历痛苦的化疗、放疗、靶向治疗之后，能够好好活着。

绕过金刚塔，我忽然感觉很冷，这种冷已经沁入骨髓。我说我感到冷了，身体已经发出警报了，我们回去吧，以后再来。朋友们马上叫我往回走。路过转经筒时，我说，我们转九圈吧，转了再走。

这次到潭柘寺，心无杂念，真的只是为了祈福消灾。

2016年12月26日　星期一

今天是医生查房的日子。管床医生说,今天开始放疗,你等着,查完房带你去治疗室。

照例是排队、等候,终于轮到我了。

换好鞋,抱着我的体模进入治疗室。两个医生进进出出,一会儿过来看看我,一会儿又回到操作室。医生一遍遍嘱咐我不能动,我没有说话,我怕一开口就会稍微动一下。我也不敢睁开眼睛,我怕电子射线灼伤我的眼睛。

机器发出"嗡嗡"的声音,就像电锯在不停地锯钢板。过了一会儿,机器的声音变了,不再是电锯的声音,好像成了电钻的声音,更加尖锐,也更加精细。我忍不住睁开一只眼睛,此前像个庞大钻床的大机器忽然分成了几块,像个机器人。

我又闭上眼睛,切割声、电钻声此起彼伏,好像还有机器笨重地滚动的声音。身体有些发冷,我觉得我好像是躺在一个工厂的机床上,被拆卸、组装。忽然,我好像觉得我体内的癌细胞被这些"电锯""电钻"锯开、钻碎、杀死了。

不知道过了多长时间,反正绝不止医生说的几分钟。操作室的医生说,好了,起来吧。

我这才睁开眼睛。

2016年12月26日　星期一

　　出了医院,大姐问我感觉如何。我说,好像没有想象中那么可怕,一点儿都没有觉得热,只是有一点点头晕和恶心。

跟着乳房去流浪

2016年12月27日　星期二

放疗的第二天。

除了皮肤上轻微地有灼红的痕迹,出来的时候有点恶心、头晕,其他的还好。希望我能像化疗时一样,顺利地挺过去。说到挺过去,我想起了我的小婶。

小婶是村里第一个穿喇叭裤、烫大波浪卷发的人。她嫁到小叔家,在村里刮起了一阵旋风,引起不小的轰动。

小婶是镇上一个老板的女儿,20世纪80年代初,作为先富起来的人,小婶包揽了所有人的羡慕与嫉妒。小叔在村里一表人才,尤其那一双眼睛,清澈有神,用村里人的话说,那可是一根葱的子弟(帅)。小婶的父亲承包了一条乡村公路的修建工程,小叔去小婶家打工,给工地管账。小婶闲着没事,常往工地上跑,顺便帮着做一些采买的事。一来二去,两人就好上了。小婶不顾家里人的反对,义无反顾地从镇上嫁到了我们村。

嫁过来的头几年,她和小叔依然在她父亲的工地上做事。工程结束后,她跟着小叔回到村里,安安稳稳地过起了日子。她像个地道的村里人,一样下地种庄稼,一样孝敬公婆,日子倒也过得风平浪静。三个孩子出生后,几亩薄田根本没法维持一家人的开支,小叔不得不外出谋生,希望能找到事做,填补家里的亏空。小婶则留在村里带孩子、种庄稼、伺候公婆。

几年后，小叔发财了，当了老板，他开着他的路虎回到村里，同行的还有一个打扮时髦的年轻女人。当小叔同那个女人走进家门的时候，小婶正在屋里剁洋芋、煮猪食。她穿着一件蓝色的灯草绒衣服，系着个围裙，手因为常年切洋芋种庄稼，不仅黑乎乎的，还很粗糙。

小婶没说什么，热情地把两个人迎进家门，煮火腿、洗白菜、刮洋芋，好好焖了锅洋芋饭。吃过饭后，小叔把那个妖艳的女人送到镇上的旅馆里住下，回到家里跟小婶摊牌："你都看见了，我在外边有人了，咱们离婚吧。"小婶什么都没说，既不点头，也不摇头。小叔没办法，只好回镇上找那个女人去了。过了一天，小叔拿着一笔钱，又回到家里找小婶谈离婚的事，小婶依然一声不吭。这么纠缠了几天，有一次不知怎么的，大概小叔没忍住，两人大吵了一架。性情刚烈的小婶居然拿出一瓶硫酸，在小叔面前晃。没想到暴怒的小叔完全失去了理智，他抢过硫酸泼向小婶。等小婶被人们送到医院抢救过来，她的右脸已全被烧坏了，就像村里人说的像个鬼，只好留起长长的头发遮住半边脸。

婚是没法离了，小叔从此再也不回家。

小婶独自一人，种地，养猪，农闲的时候就在村子旁的采石场打工，一天天苦熬着岁月，含辛茹苦地把三个孩子养大。大儿子初中毕业后就外出打工挣钱，贴补家用，两个女儿一个考上了幼师，一个考上了医专。孩子大了，小叔新找的那个女人也为他生了个男孩。男孩五六岁的时候，小婶终于同意离婚了。

离婚后的小婶依然住在村里，依然像从前一样任劳任怨地伺候公公婆婆，其间也有几个老实的农民来找过她，要跟她搭伙过日子，她死活不答应，只是一心一意地伺候老人。每年过年，我们回家上

跟着乳房去流浪

坟的时候,她总是开开心心地给我们烧水做饭。没事的时候,我俩也会坐下来聊聊,但对于小叔,我们都心照不宣地只字不提。跟她说话的时候,我不敢直视她烧伤的脸,也许是因为害怕,也许是因为心有不忍。

时间过得真快,转眼间小婶的两个女儿都毕业了,公公婆婆也相继去世,把两个老人送上山安葬后,小婶把那个生活了三十多年的家从里到外干干净净地打扫了一遍。半年后,她嫁给了邻村一个老实巴交的农民。而我的小叔,听说前年找到了一口铁矿井,把全部身家押了进去,还跟我的几个表哥借了一大笔钱。没想到这两年市场不景气,生意亏了,连基本的生存都成了问题。

小女儿结婚那天,小婶穿着一条时尚的黑裙子,披着一件枣红色的外套,剪了一头精干的短发,满脸幸福地站在人们的目光里。她现在的男人,坐在台下的凳子上,抬起头温柔地看着她。

来的人很多,只有小叔没来。

2016年12月28日　星期三

　　去医院的路上，忽然听到惨烈的哭声，我踮着脚尖看了看，看不清发生了什么，只看见一大群人围成一圈，说着什么。
　　此前，我每天都是从出租房的东门出去，左转，先通过一个有红绿灯的路口，再朝医院门口走。今天从出租房的西门出来，选择先左转，到前一个有红绿灯的路口过马路。哭声是从马路对面传过来的，如果我按照以前的路线走，正好从旁边路过，就能看清发生了什么事。鬼使神差，今天换了条路线，什么也看不清。我说，好像是死人了。大姐催我快走，说，别看了。我只好往前走，大姐一边走一边说，这些事最好别看，自己本来就生着病，看这个不好。
　　我不知道她说的"不好"指什么，怕影响我的心情，还是怕给我带来灾殃？反正都是迷信的说法，所以我也没有多问。
　　做完放疗回来，我还是选择从原路返回，远远看去，那人好像还在，时不时地发出悲伤的哭声。
　　也许，肿瘤花光了他全部的积蓄，还是没能救活他的亲人。也许，他连回家的路费都没有了——我被自己的想象打动了，眼泪夺眶而出。生病以来，我变得脆弱了，听到与死亡有关的事情，就忍不住流泪。这泪是为别人流，还是为自己流？我也说不清。我只是觉得，活着真的好难。
　　生命苦短，怎么活才会了无遗憾呢？

2016年12月29日 星期四

今天是医生查房的日子,我早早起来,加了件毛衣,就往医院赶。

医生说,我交的2万块钱已经不够了,让我再去交5万。她说,放疗一次3000块,15次就是45000块,加上定位、药物等等,得赶紧交钱了,否则会影响治疗。

今天的治疗时间好像更短了,5分钟不到就做完了。换了一个医生,估计是不同的医生值班时间不同吧。这两个医生的技术更熟练,相互配合得也更默契。

2016年12月31日　星期六

今天是2016年的最后一天。按照单位的惯例，要对自己一年来的工作进行一个总结。

怎么总结呢？

2016年就这样匆匆而逝，这一年，我感受最多的就是生命的无常。同时我惊讶地发现，在病痛面前，我竟然可以这么坚强。我想，生命原始的力量在命运的低谷更容易迸发出来。原来，我的骨子里一直有一种不向命运屈服的倔强。我渴望生，但我并不惧怕死。借用徐志摩的"得之，我幸；失之，我命"安慰自己，活下来是我的运气，不能活是我的命，没必要在病痛之上再加一层悲戚。

能不惜一切代价把我送到北京医治的家人已经是最好的家人了，或许曾经有过伤害和摩擦，但在生死面前，一切都已释然。

放爱一条生路，放下对未来的担忧和恐惧，珍惜每一个醒来的日子吧，不管是晴天还是雨天。岁月不饶人，但我要饶过岁月、饶过自己，以一颗感恩的心接受每一天的洗礼。

怕来不及，所以好好读书、写字。怕来不及，所以好好珍惜身边的一切。怕来不及，所以好好爱自己。用一颗赤子之心看待这个世界，感受每一种生命的美好和不易，体会山的苍茫和海的辽阔。

旧的一年即将过去，新的一年我将获得重生。我会像婴儿一样，

跟着乳房去流浪

以清澈的双眸,重新打量这个世界,把过去抛开,把自己调成一张白纸,书写崭新的人生。

2017年1月1日　星期日

　　这几天，北京的雾霾非常严重，我躲在出租屋里，门都没出，胃口也没有，今天忍不住想出去走走，就去首都图书馆看书吧。

　　这一年，由于生病，只要提笔，我的思绪总是离不开病，要写篇与病无关的文字似乎很难了。不管怎么说，这种现象说明一个问题，我还是很在乎这个病的，并不像平时表现得那么淡然。

　　有时候想想，拖着一截残躯男不男女不女地活着，又有什么意义？！

　　医生让我打5年的诺雷得，长期口服阿那曲唑片，为的就是让我的雌激素不再分泌。没有雌激素的女人还叫女人吗？丈夫说，他只要我活着，让女儿有个妈就行了。可我觉得这样活着，是在苟延残喘。

　　看到医院里那么多病人像我一样散尽家财、丢下工作、抛开孩子，用各种药水折磨自己，用激光射线灼伤自己，在医生面前小心翼翼……就为了能在这个世界上多待几年，我不禁悲从中来。

　　我不知道我以后会不会嫌弃自己，会不会像其他更年期的女人一样情绪低落、脾气暴躁、憔悴丑陋、让人厌烦。要接受一个这样的我，确实需要勇气。是的，我年纪不小了，即使不生病也该进入更年期了，可正常的更年期可以靠吃药来调节身心。而我，却不得

跟着乳房去流浪

不用尽办法让自己尽快老去。

从此,人生只剩下活着这一个目的了,想想真是悲凉。

2017年1月2日　星期一

加速室正常上班，我又该到医院进行第六次放疗了。

上周五，医生临时变动，把我的治疗时间调到下午 2：30。到医院的时候，前面只有 6 个人在等。

今天来了几个实习生，做放疗的医生一边帮我调整位置，一边给实习生讲解。忽然想起毕淑敏在《拯救乳房》一书中说，我们不但花了钱，还用自己的身体甚至生命让医生学到知识、练好技术，为什么不但不付我们钱，还得不到应有的尊重？我在心里笑了笑，忽然觉得我今天的治疗应该免费才对。

2017年1月3日　星期二

　　今天是医生结束元旦休假正式上班的日子,查房也就改在了今天。

　　放假前医生交代我,1月3日早上6:30以前到护士站抽血。

　　我到护士站的时候已经6:35了。抽血的人不多,只有一个值班的护士。轮到我的时候,我问她是不是昨晚就上班了。她说,是的,要到早上8点才交班。说到交班,她忍不住指指另一个病人的单子说,你看看这个人,让她6:30以前来,她现在还没来,上次抽血也这样,8点过几分才过来,我忙着交班、清点东西,稍微慢了点,她还不高兴,在这里又吵又闹。

　　抽完血,我用手按着棉签,想找同病房10床的病人坐一会儿,唠唠嗑儿,顺便等着医生来查房。走进病房,打开灯才发现,10床还在床上睡着,赶紧关了灯出来,到隔壁房间找了个凳子坐下。

　　没过多久,进来一个病人,看都不看我一眼,径直走到她的病床前,脱掉羽绒服,对着病床审视了几分钟,跟她老公说,有人在我的床上躺过。她老公没说话,我有些坐不住了,这个病房现在只有我和大姐坐着,她这话说给谁听?正在这时,护士叫她去抽血,我一听就知道她就是那个经常晚来还乱发脾气的病人。

　　趁她抽血的工夫,我跟大姐说,8点才查房,现在才7点多,

2017年1月3日　星期二

要不然我们先回住的地方，吃完早点再来吧。大姐一直低着头看书，听我这么说，赶紧合上书带着我往外走。

　　医生的查房异常顺利，我的心情也出奇得好。只是下午，当我躺在放疗机上的时候，我觉得自己像是躺在那个女人的病床上，她用浑浊的眼睛死死地盯着我，一个劲儿地对她丈夫说："有人在我的床上躺过。"

2017年1月4日　星期三

今天的雾霾好像特别大，朝窗外望去，根本看不清街上的景象，甚至连车流都看不清。想起女儿昨晚发在朋友圈的雪景，我随手拍了两张照片发在我家的微信群里，写了两句话："我在北京的寒夜里吸着雾霾，你在东北的雪地里笑靥如花。"

女儿吓着了，赶紧嘱咐我不要开窗，出门要戴加厚的口罩。

做完放疗回来，心情特别好。

一半的治疗已经过去，胜利就在眼前，我又挺过来了。

化疗的时候全身酸痛、乏力，吃不下东西，我安慰自己，手术都挺过来了，这点痛算得了什么？

轮到放疗了，手背不过去，医生画线的时候尖锐的木条划疼了我的伤口，我跟自己说，化疗那么痛苦我都挺过来了，这点痛又算得了什么？

我终于要熬过去了，虽然还有内分泌治疗，但无论前面等待我的是什么，我都不会像当初一样迷惘了吧？

下午3点左右，我帮扶的那个考上中国农业大学的孩子给我发来微信，说，已经上了地铁，一个小时后就能过来看我了。我赶紧招呼大姐，一起出去买菜，我要给孩子做一顿云南菜。

买菜回来，交代大姐先把菜洗好摘好，我要亲自炒。

2017年1月4日 星期三

等待孩子的时候，又接到考取华中科技大学的另一个孩子的电话，告诉我他被学校保送研究生的事已经办妥。问我，恢复得怎么样？我很高兴，告诉他，我的身体没什么问题。我说等到明年，如果我的治疗时间与他的毕业时间不冲突，我会到武汉参加他的毕业典礼。他听了高兴极了，说6月份武汉的天气最好，我去了，他会带我到处走走、看看。

一下子接到两个孩子的电话，幸福像只活蹦乱跳的小鹿，不由分说地朝我的怀里撞了进来。

看着孩子们一天天长大，一个个考上大学，毕业后又考上研究生，我的心里非常欣慰。女儿的雅思考试考了7分，顺利地拿到了曼彻斯特大学的录取通知书，想了想，我的人生应该没有什么遗憾了。

2017年1月5日　星期四

又到了医生查房的日子，雾霾依然很重。我犹豫了一下，还是决定早早起来去医院。

医生看了看我的皮肤，问我有没有什么不适。我说还行。到今天为止，我已经做了九次放疗了，感觉确实没有什么不适。放疗后的恶心、头晕，与化疗后的痛苦相比，简直不值一提。这点小事，我都不好意思跟医生说。我没那么娇气。

医生查完房，我和管床医生谈到了回家的事，放疗完成了三分之二个疗程，我回家的心情真的无比急切，用"归心似箭"来形容也不为过。

不知道是对未来不确定的日子没有把握，还是病中容易感动，我真的很珍惜拥有的一切，珍惜我身边的每一个人、每一朵花，珍惜每一个阳光灿烂的日子，珍惜每一次清风拂面的感觉。

2017年1月6日　星期五

早上起来,感觉嗓子有点不舒服,好像有什么东西卡在喉咙里,喝水都不顺畅。

放疗的时候,问了问医生,说,正常。又问,需不需要吃药呢?说,问你的主治医生。

我只好去找主治医生。主治医生说,没事,买点治嗓子疼的含片。如果实在吃不下东西,再说。既然没什么要紧的,含片我也有,就不当回事了。

到了晚上,难以吞咽的感觉更明显了。好在不是很疼,还能忍受,只是不想说话,也不想吃东西。

我知道,放疗的副作用终于来了。我让大姐给我炖了个梨,以前我一嗓子疼,就用这个办法,很管用。可是这次不行,好像没有什么效果。大姐又跑出去给我买回蜜炼川贝枇杷膏,但愿会有点用,让我顺顺利利地完成治疗,赶紧回家。

我承认,我想家了。家乡的玉兰、樱花都已经开了。我想家、想这些花了。

2017年1月8日　星期日

　　早上起来，嗓子更疼了，可以断定，确实是放疗的副作用，我终于没能坚持住。

　　不敢跟丈夫说，怕他担心。也不敢跟母亲说，我选择放疗后，她一直惴惴不安。女儿和她的同学在哈尔滨看冰雕，玩得正开心，我怎么忍心告诉她？

　　谁也不能说，除了忍耐还是忍耐。这么多年来，不管遇到什么，我总是选择忍耐，选择自己默默挨过去。只剩五次放疗了，我一定能挺过去。

　　喝水成问题，吃饭也成问题。早餐喝稀饭，我得把稀饭搅到几乎凉了才能喝，半个馒头我几乎吃了半个小时。午饭的时候，我吃了几口就放下了筷子，菜也没怎么吃，原来喜欢吃的淡苦菜也没吃，咽起来太困难。

　　每一次吞咽都会疼痛，随时都有噎住的感觉。我想起了父亲，每次吃饭他都特别痛苦，用他的话说就是"生不如死"。可我还是准备继续治疗，不完成疗程以后会怎么样，我不敢赌。而且，我对自己的身体、对医院还是充分信任的，我相信无论怎样，我都会好起来的。这样的想法究竟对不对，我心里其实并没有底。

　　这些天雾霾较重，除了去医院，我连门都没出。今天终于起风

2017年1月8日　星期日

了，天也蓝了，我想出去走走。毕竟这狭窄逼仄的出租屋让人憋闷，我真的很想出去透透气。大姐有些担心，我的嗓子不舒服，万一出去着了凉，会不会更难受？我不管。

已经2:40了，我说去潘家园看看吧。不想买什么，就是想去逛逛。潘家园那么大，我还没有完整地逛过一遍。

虽然只是为了消磨时间，但一进大门我就忘记了时间。东西实在太多了，琳琅满目，让人眼花缭乱。古玩市场的一大特点是看的人多，真正下手的不多。我瞅来瞅去，想看看别人怎样挑选宝贝，发现大多只是问问，根本不会轻易下手，看来捡漏的事可遇而不可求，不是人人都有那么好的运气。

出了潘家园的大门，嗓子又疼起来了，赶紧拿出一颗含片扔进嘴里含着。

我这个人，只要被感兴趣的事物吸引，什么都会忘记。但愿我能够在这种转移疗法中，安全、顺利地做完放疗。

2017年1月9日　星期一

已经做了10次放疗，副作用、副作用，还是副作用……

主要的问题是喉咙干涩、灼痛、水肿，几乎所有的饭菜都无法下咽，连喝水都得小心翼翼，只能靠稀饭度日。

睡觉也变得困难起来，总觉得一躺下，嗓子眼里就堵得慌。辗转反侧，好不容易入睡，中间却会醒来好几次。睡眠不好，心情变得很差，心态趋于颓废、崩溃。

吃过晚饭，闷在屋里，心烦气躁。手机被我翻了很多遍，没有什么新鲜的东西。找来《乐府诗选》，大体翻看了一下，才温习了十几首诗，就已经11:30了。

文字总是有这样的魔力，能让人忘记时间。或许只有文字，才能治愈我，让我忘却痛苦吧。徜徉在书中，时间过得很快。也只有在看书时，我浮躁的心才会安定下来，才不会胡思乱想。

博尔赫斯说，如果有天堂，应该是图书馆的模样。

幸好有书，幸好我与书有缘。否则，这个世界该多么冷清，我的世界该多么孤单。

2017年1月10日　星期二

即使漂泊在北京，每次看到满盆的繁花，我也总想把它买下来。那份冲动，无法抑制。买回家，看着娇艳的花从盛放到凋零，又会生出许多自责。我不知道是我伺候得不够殷勤，还是花开花落本是常情，无论多么灿烂的花，都难逃枯萎的命运。即使奋力再开，也只有零星的几朵。

问过卖花的小贩，从网上查过养花的技巧，还是不能够把花养得花朵硕大、叶片肥厚。去年冬季，连日的阴天之后艳阳忽现，我急忙跑回家把屋里的多肉端出去晒太阳。晚饭后回家稍晚，露台上的多肉已经受冻，眼睁睁地看着它们一个一个叶瓣稀疏、掉落，最后风干，我真是懊恼不已。次年开春，养花失败的沮丧感还在，不时地刺痛我的心。对于盆栽花，我强烈地抵制了一段时间，只钟情于鲜切花。然而鲜切花的生命更短暂，终于忍不住又开始买花、养花。

一直渴望有一个大大的院子，搭一个拱形花架，栽上欧月，牵起紫藤。四周种上爬墙的吊兰、铁线莲、小灯笼。一个角落种满绣球花，让粉白蓝紫的绣球花缀满白色的篱笆。一个角落铺上沙石，让各种多肉自由生长。迎春、玉兰、桂树、寒梅，每个季节都有花在开放，每个角落都种满了灿烂。或许，还会在花架下放置几把椅子，可发呆，可小憩，可品茗，可聊天，可看书写字……

跟着乳房去流浪

当我从幻想中醒来，还好，我有一片小小的绿地。在那儿，我的玉兰还在零星地开着。桂花在我病后有些憔悴，好像在陪着我一起努力活着。花盆里各种小花静静地绽放，让我从每一朵花里看到不悲不喜、顺其自然的生命是多么令人动容。

人们说，爱花的人大都热爱生活，爱花的女人大都善感多思。于我而言，花不是点缀，而是神谕。花让我明白，生老病死也是自然的一部分，跟花开花落没什么区别，不过是大千世界固有的规律而已。那么，花朵是娇艳还是淡雅，是肥硕还是单薄，是生长在山里还是生长在城市，又有什么关系？重要的是，绽放过，灿烂过，无论是结了果，还是白开一场，都是生命的安排。

安然接受，静静开放。

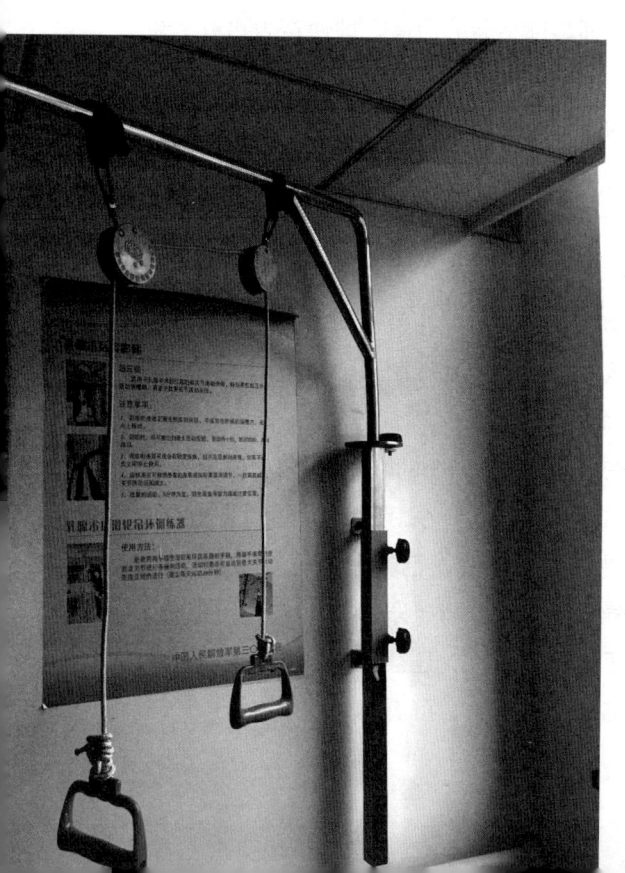

2017年1月11日　星期三

　　向日葵，俗称葵花、朝阳。感觉"朝阳"这个名字很有特点，既鲜活又生动。

　　葵花籽，我只吃刚摘下的未经炒制的，香味纯正，入嘴回甜，不上火不伤嘴。从前，我在一个叫马龙的县城上班。每次下乡，看到饱满的葵花，就想亲近。从马鸣乡到旧县镇的路边，有一大片葵花长得正好，忍不住央求同事去掰。从王家庄回来，从山顶沿着沟沿往镇上走，下雨，路滑，我顶着一个芭蕉叶对路旁的葵花咽口水。实在忍不住，问带路的副镇长，可不可以掰一盘？副镇长是个转业军人，大手一拽，一扭，就扯下一盘递给我，说，这种东西不值钱，要多少有多少。捧着那盘葵花，身子摇摇晃晃，路变得更难走。

　　关于葵花，有太多美好的记忆。身边的朋友知道我对葵花情有独钟，回老家时，总会给我带几盘。家里没有种的，就问邻居要。每年葵花成熟的季节，都要送一些过来。

　　婆家大嫂知道我爱吃葵花籽，回老家把租出去的地要回一块，种野菜、种苞谷之余，撒下葵花籽，成熟了就送来一些。

　　年近八十的母亲上街买菜，看到有人卖这种新摘的葵花，总会买几盘。妹夫在沙厂管工地，回家的路上，总会顺手掰几盘带给我。

　　记得我刚参加工作那会儿，每个周末，我都会带一本书上山，

跟着乳房去流浪

顺便掰一盘葵花，找一棵枝繁叶茂的大树，隐没在树下的草丛里，一边看书一边吃葵花。葵花吃完，太阳快要落山了，夕阳染红天边，我才慢慢往单身宿舍走。

蓦然回首，葵花陪伴我度过了多少寂寞的日子。

蓝天下的葵花，仰着头追随着太阳，把自己长成了太阳的模样。我默默地想，一个人如果能够像它一样，永远朝着一个目标，或许也会结出沉甸甸的葵花籽吧。

2017年1月13日　星期五

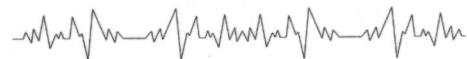

今天是最后一次放疗了，心里十分高兴，我终于又挺了过来。

早上起来，带着放寒假的女儿去办出院手续。出院手续比起住院手续就容易得多了，医生开好病情诊断单，交给护士，签字后拿到结算处盖章，带上住院时交费的小票、收据，结账。办手续的时间不长，前后半个多小时就搞定。

出了放疗大厅的门，女儿说，应该拍张照片留作纪念。我郑重地站在低矮的大厅前照了一张相，摆出一个胜利的手势。女儿建议我到放疗科门口再照一张，我不想去。

我说，这么让人难受的地方，有什么值得纪念的？

女儿非让我去，她说，你在这里治好了病，就该留个影。

走到外科楼旁边，我掏出手机，给这栋大楼和楼前的树照了两张照片，心里有一种说不出的轻松。抬起头，北京的天蓝得纯净清澈，没有一丝云彩，更别说雾霾。阳光如顽皮的孩童，从高楼之间轻灵地跃过来，笑嘻嘻地瞧着我。

回到出租房，女儿拿着我的诊断说明书说，你看，果然跟我了解的一样，你的病是LuminalB型。原来，自从我生病以后，她下载了三个软件，花了很多时间对照我的病历，了解我的病情。她早就知道我得的是浸润性导管癌，属于非特殊型II级LuminalB型。

她说只有 LuminalB 型乳腺癌患者才能用赫赛汀。赫赛汀是 FDA（美国食品药品监督管理局）在 1998 年才批准研制的治疗乳腺癌的靶向药，是按照癌症的基因型进行分类后，只针对 HER-2 阳性的乳腺癌进行研制的一种靶向药。而我恰好是 HER-2。也就是说，不是所有的乳腺癌患者都能使用这种药，我能用，存活的可能性大大提高。所以，她不太担心，只是心疼我受罪。

女儿打开手机，调出她下载的软件继续科普。她说，靶向药物的优点在于作用点专一，只对癌细胞有杀伤力，医生可以大量给药，不用过分担心副作用。但是正因为作用点专一，导致靶向药的适应症范围也比较窄。制药厂的科研人员辛辛苦苦把一种靶向药研发出来，又花了很多钱申请上市，却只能应用于很少的一类病人身上，所以靶向药的价格大多较为昂贵。

2017年1月13日　星期五

　　我终于知道赫赛汀为什么这么贵了,也庆幸自己癌细胞的类型已经被攻克,真是不幸中的万幸。

　　不管怎么说,这一关我又闯过来了。

　　五种治疗方法,我已经采用了手术、化疗、放疗三种,最艰难的过程我已经挺过来了。剩下的靶向治疗、内分泌治疗就简单多了,我将恢复健康,重新回到正常的生活轨道。

　　生活就像一座迷宫,我小心翼翼地摸索着,迈过一道道坎,绕过一个个陷阱,走过曲折的秘径,迎接我的将是一片坦途。

2017年1月14日　星期六

由于身体不舒服，原本想带女儿逛逛京城的打算也取消了。

一整天，皮肤痒得有些受不了，又不忍心说，怕女儿难受。昨晚几次痒得从梦中惊醒，女儿不停地起来帮我涂药，也没睡好觉，让我十分不安。虽然女儿说，小时候她没少折腾我，现在正是回报的时候。养儿防老，正常。可是，我还没有老，不该这么折腾人。

喉咙也难受得厉害，又干又涩，火辣辣地疼。我一直不停地喝大姐给我熬的葛根水、梨水，还是没有明显的好转。润喉片、含丸也没有多大的作用。看来放疗的副作用，不是喝点什么、含点什么就可以解决的，只能靠时间慢慢熬。

嗓子的干涩、疼痛尚且可以忍受，可是痒的滋味实在受不了，又不能抓、不能碰，就像浑身爬满了虱子跳蚤。这种痒和其他的痒不同，痒得无声无息、莫名其妙。一会儿蹿到这里一会儿又蹿到那里，让你无可奈何、无能为力。激光的照射是无影无形的，痒却是实实在在的。

实在忍不住了，给医生打电话，她说，痒是正常的。都这样啊。没有什么特效药，搽点护肤品，过一段时间就会好。

那就再忍忍吧。

实在是忍不了了，只好问主治大夫。她问我，回家是不是洗澡

2017年1月14日 星期六

或抹什么了？我说，没有，一直抹你开的比亚芬。她说，避免晒太阳，尽量穿宽松的衣服，避免对局部皮肤的摩擦，可以去医院配点生理盐水，里面加10毫克的地塞米松外敷，与比亚芬交替使用，只要皮肤不破，一到两周就会好的。

  人一生病，就会东想西想。想得太多，却找不到答案，愈发地急躁和脆弱。但愿明天一早起来，嗓子不疼了，身上也不痒了。这么想着，我又开始急急忙忙地为后天去医院打赫赛汀而做着准备。另外，回家的东西也该收拾了。

2017年1月15日　星期日

　　清早,太阳斜斜地撩开窗帘挤了进来,屋里顿时温暖亮堂起来。是个晴朗的好天气,衣服该减了。想了想还是掏出手机,查看北京的天气情况。气温为-9℃至0℃,跟昨天差不多。我不禁有些疑惑,体感温度比昨天高呀,但我还是不敢大意,暂时不减衣服了。

　　想吃云南的米线了,左找右找,才打着车找到一家宾馆。

　　大堂的主门是电动旋转门,入冬以来已经停止了转动,一圈一圈来回转会把门外的风带进来。两旁的小门供人们出入,但也关得严严实实,还挂着厚厚的布帘。吃完米线,我戴上帽子,裹上围巾,拉开小门,风不由分说地灌进来,我不由自主地歪着头躲了一下,忍不住打了个寒战。

　　走出门来,风似乎小了,但我依然冷得发抖。路旁的槐树也哆哆嗦嗦的,叶子抖落一地。我把头上的帽子往下拉了拉,将耳朵捂住,围巾又裹了一圈,缩起脖子,快步朝前走。太阳高高挂在天上,红彤彤,明晃晃,但就是没有带给人一丝温暖。

　　好看的花不一定香,好看的水果不一定甜,笑容可掬的人不一定善良,旧衣素裹的人不一定贫穷,就像有太阳的日子不一定暖和一样。

　　不要被表象迷惑,这是北京冬天的太阳告诉我的。

2017年1月16日　星期一

一大早到部队医院打赫赛汀和诺雷得。

我找了个凳子坐着，等女儿去帮我挂号、开药。医生开了赫赛汀、辅助药、针头等等，一大堆单子开好后，女儿去交钱、拿药，我在日间病房等着输液。

女儿第一次办这些事，对各个流程都很生疏，针头的钱本来应该在领辅材的地方交，她在收费的地方交了。等她好不容易办妥，把药交给护士，护士这才发现，她把赫赛汀的发票跟其他药品的发票开在一起了。

中国癌症基金会要单独的发票和用过的药瓶、药盒，有了这些东西才能办理赠药手续。我输着液，她又去跟医院的工作人员交涉重新开发票的事。等她回来的时候，我的药水都快输完了。她说，真是麻烦，我跑了三个地方才把旧发票从电脑里退了出来，开了新的。

回到住处已经快下午两点了。吃完晚饭，我们开始收拾回家的东西。

2017年1月17日　星期二

今天是农历腊月二十，我的生日。放疗终于全部结束，我就要回家了。

等候、治疗，治疗、等候，两个多月的时间，偏偏遇到我生日这天回家，冥冥之中，好像一切早已注定。

在飞机上，我身上依然痒得厉害，嗓子依然干涩、疼痛，依然闻不得饭菜的味道。但因为生日和回家，心情不免有些激动。女儿累了，一路上睡得香甜。我睡不着，望着舷窗外如雪的云朵，忽然心生感慨，觉得自己就是那飘忽不定的一片云，在家乡、省城、北京之间飞来飞去，往返折腾。

这就是所谓的流浪吧？我感觉得到我的流浪……

昆明到北京，2000多公里的路程，从2016年4月到2017年1月，做手术期间我在北京住了两个月，放疗又在北京住了两个月，化疗21天跑一次，来来回回，算了算，我飞了4万多公里。飞行的时间比我没病之前几十年间外出学习、旅游加起来的总和还多。

路费花了多少？经历了怎样的辛酸无奈？我真的无法细说。我只是觉得，所做的这一切努力、耗去的这一年时光都是为了我这只乳房。我确乎是在跟着乳房而流浪。

手机上的"航旅纵横"小程序记录着我流浪的轨迹。昆明、北

2017年1月17日 星期二

京、北京、昆明，来回穿梭，硬生生穿梭成了一把纺线的梭子，一看见就感觉累、感觉疼。

流浪的心早已疲惫，流浪的人该回家了。

为了节约费用，减少往返的次数，从第七次靶向治疗开始，我们申请转回昆明治疗。从今往后，北京，只等复查再来了。虽然前两年，需3个月复查一次；后3年，需半年复查一次；5年以后，需一年复查一次，但比起治疗期间21天跑一次北京，时间成本、金钱成本已经大大减少了。

飞机落地的时候，女儿拿出手机，忙着跟她爸说着什么。我拖着行李箱跟在她后面。经此一病，我和女儿的位置忽然颠倒过来，她成了家长，而我只能乖乖地跟着她，听从她的安排和照顾了。

回到家，一篮精致的插花映入眼帘，女儿笑盈盈地看着我说："欢迎妈妈回家，祝妈妈生日快乐、身体健康。"丈夫从身后拿出一个手机，说："这个，像素高，你喜欢拍照，送给你的。"原来，细心的女儿早已安排好了一切。这是我生病以后过的第一个生日，虽然历经艰难，虽然饱受辛苦，虽然来来回回，虽然漂泊流浪，但我终于回来了。

晚上，丈夫拉着我的手说："今天是你重生的日子，过了这个生日，你就会好好的，长命百岁。"

我的眼泪忽然忍不住涌了出来……

2017年1月18日　星期三

　　一大早，我就接到中国癌症基金会工作人员打来的电话，说："快过年了，你们来不及寄第五次靶向治疗的资料了。请把这次的治疗单以及购买赫赛汀的发票拍成照片，用微信发给我们。记得注明患者的名字和审核人员的工号。"

　　接电话的时候，我有点激动，生怕记不住具体的操作步骤，赶紧拿笔一项一项记录下来。挂了电话，我立即按照要求关注了名为"赫赛汀患者援助"的公众号，把治疗单和发票拍成照片发了过去。

　　按说，这已经是最后一道手续，我的赫赛汀赠药申请应该已经通过了。这就意味着，我可以省下20万元的治疗费用。20万啊，相当于我4年的工资收入。

　　我真是幸运，得到中国癌症基金会的这项援助，我就没有后顾之忧了。

2017年1月19日　星期四

回到家已经两天了。

中午女儿做菜的时候，我溜出去看了看花。小区的梅花又开了，在蓝天的映衬下，显得愈发清秀美丽、超凡脱俗。我坐在花下，那股清香毫不吝啬地向我袭来，我忍不住深深吸了几口。

我真的很爱这个世界，爱这些花花草草、虫鸣鸟叫，爱尘世间存在的一切生命。或许是病了以后，我才越来越珍惜这一切。多希望这场病只是在提醒我：生命短暂，好好去爱。

再过两天，等我的血象升上去，我就该出去走路了。我要去看玉兰、梅花绽放的样子，我还要去公园锻炼。我也想跟别人一样，用手机记录自己每天走了多少步。

我还要去一趟清水沟。快过年了，我该给水莲送点年货。这个在洒满阳光的土地上辛勤劳作，没有被疾病打倒的女子，是我心底的一点暖。

天依然很蓝，我出门的愿望也很蓝。

2017年1月20日　星期五

回到家，人变得懒惰起来。连续两晚，脖子和腋下被射线灼伤的部位奇痒难耐，痒得我无法入睡。好不容易睡着，中间又醒来好几次，睡眠质量严重下降。早起锻炼的计划暂时没法实施，我也就懒得起床，都是女儿做好早点才来叫我。

明天，明天除了写日记，我必须开始写作了。

2017年1月21日　星期六

又去了一趟泰丰公园，回来后把我的书分门别类收进新买的书柜里。回来的路上，给自己买了束紫色的桔梗，还有一盆袖珍玫瑰。我会踏踏实实过好每一天的。

其实，病中最能感受到真情和关爱。疾病会摧毁一些人的意志，让他们颓废和失落，但是疾病也会锻造坚强的灵魂。更重要的是，会让人思考很多，明白很多。比如，我懂了，健康地活着，比什么都重要。

我相信，随着病魔的离去，我的心将会更加安宁。什么花开花落，什么纷扰得失，都只是烟云而已。我将从容地享受平凡的人生，在淡淡清欢中找寻真实的自我……

2017年1月30日　星期一

　　大年初三一过,年就算过完了。坐到书桌前,发现满桌的书只读了九本,其他的,被我一直搁置在"冷宫"里,冷落了许久。

　　陶渊明在《五柳先生传》中说自己"好读书,不求甚解。每有会意,便欣然忘食"。我对于看书、学习的态度,也是全然出于喜好,而无一丝功利的目的。我不会给自己设定目标,想看的时候就多看几页,不想看就闲着,吃吃饭聊聊天,做做家务偷偷懒,日子过得惬意就行。我的观点是,千万别把喜欢的事情当成工作,否则,再有趣的书也读得索然无味。

　　闲暇的时候,我会抄抄诗,培养女儿读诗的兴趣,顺便自我熏陶一下,体味诗的语感和意境。真正会生活的人,能把平淡的日子过成诗。我希望自己是这样的人。对于我来说,时光的流逝宛如水从指尖流过,我对于这流逝有大欢喜,我将坦然,欣然,歌唱。

　　今年开了个好头,但愿我能坚持下去。

2017年2月1日　星期三

春节，找个清静的地方不容易，幸运的是，我找到了。

越州潦浒陶瓷小镇，好多家陶瓷厂关着门，人们都回家过年了。一年到头辛苦忙碌，该歇歇了。钱是赚不够也赚不完的。

昔日喧闹的小镇安静了下来，这是我想要的感觉。车停在路边，我们随意在街上闲逛，不为看陶，也不想买什么瓷器，只为感受一下陶瓷小镇的安宁、富足。

是的，这个小镇是富足的。土地平整肥沃，南盘江从小镇流过，精湛的陶瓷技艺让这里的百姓荒年不愁，漂亮的别墅、气派的独院比比皆是。除两大瓷厂外，正常的土陶专业户还有近50户。我们走进"珠江源陶瓷创意设计中心"，参观了潦浒陶瓷历史展，又来到垚哥陶瓷工作室。这位大学教授正在潜心研究"窑变"的釉彩陶瓷，虽然个别产品不免粗糙，但没有一件器皿的花色纹路相同，这正是纯手工艺术品的魅力所在，每一件都是孤品，选中哪件，世上只有你一个人拥有。可惜年底、年初这段时间产品不多，没有我喜欢的，只好与教授互相加了微信，以后再选。

潦浒老街上的房屋，皆依街而建。虽低矮陈旧，但干净整齐，一看就知道这里在很多年前就规划得井井有条。很多人家门口，都有丢弃的坛坛罐罐。有的罐子只有半截，里边栽种着花，十分别致，

跟着乳房去流浪

很有情调。老街中段左侧有指示牌,按照指示牌指示的方向走,可见依坡而建的"龙窑"。这座历史悠久的古窑低矮破旧,好像依然在用。低下头向里面窥探,可以看见窑洞里的罐罐和窑前的碎片。指示牌提示我们,再往前走是"柴窑",由于我大病未愈,体力不支,没有前往细看。

走出老街,左边有一座新建的拱桥,横跨在南盘江上。不知江对面是什么地方。我正在自言自语,一个十几岁的少年说,是广场。说完头也不回地继续往前走。我站在大桥上,不禁感叹有水的地方就有灵气,就有风景。桥那边确实是广场,有活动中心,有球场,有花园,还有一条长长的长廊,长廊里坐满了优游岁月、闲话家常的老人。传承了600多年的制陶技艺,让他们实现了财务自由,或许从来都没有穷过吧。

忽然想起父亲生前时常念叨的一句话:"积财千万,不如薄技在身。"随着潦浒制陶工艺的传承延续,人们有技的传技,无技的学技,正因为有了一技之长,日子才过得坦荡、踏实。

2017年2月6日　星期一

从小时候起，我就是一个普通得不能再普通的孩子。家庭一般，长相一般，学习成绩一般，理想似乎离我很远。

父辈对我也没有什么期盼。我平平淡淡地长大，平平淡淡地参加工作，过着平平淡淡的日子。到了谈恋爱的年纪，对男友也没有太多的要求。有人问我要找个什么样的。我总是回答，喜欢我的，我喜欢的，我父母喜欢的。他们说我太挑剔，我一想，这三个条件果真不容易满足。于是，一直过着凡俗的生活，把所有的心思放在家庭上，放在孩子身上。

女儿一天天长大，身心健康，懂事孝顺，向上，向善。为了做个称职的妈妈，为了让孩子提起妈妈时不觉得羞愧，我开始学习写作。女儿一个劲儿地鼓励我，她说，种树最好的时间是十年前，其次是现在。让我不要因为年华老去而放弃自己的梦想。

虽然一路走来跌跌撞撞，病和痛带给我很大的伤害，甚至有时会让我感到深深的绝望，可是为了女儿，也为了活出个样儿来给自己看，我顽强地坚持了下来。

我敬重所有为了梦想而努力奋斗的人。

跟着乳房去流浪

2017年2月15日　星期三

飞机出奇地准时，提前26分钟降落到首都机场。想想3个月前因航班延误和堵车，不得不坐近10个小时的车赶回家的狼狈模样，心里着实高兴。高兴到出了机舱都没有感到北京的冷。

一上飞机，我的胃就开始罢工。经过一年的治疗，我对飞机上的食物特别抵触。闻到那种味道就会产生一种难以言说的生理反应，我想从此我都不会再在飞机上用餐了。空中小姐笑容可掬，客气地问我："先生，你要点什么？"我的心锐利地疼了一下，掉光的头发终于让人认错性别。我没有说话，女儿给我拿了个餐盒，餐盒里有一小块哈密瓜和一小块橙子，这是我唯一能吃的东西。

昏昏沉沉中，仿佛回到小时候跟母亲一起待过的那所小学。

学校很小，在一个叫石磨村的山村里。说是学校，其实是从前的破庙改造而成的。学校的后面是一片坟塘，埋着村里死去的人。母亲是这所小学唯一一个以学校为家的人。

记忆中的童年跟现在不一样，冬天好像特别冷，黑夜好像特别长，我经常要醒很多次，才能挨到天亮。漆黑的冬夜，无事可做，村里的男女老少常常跑到我家摆白（讲故事），神神叨叨地讲他们听来的鬼故事，一个比一个讲得离奇、惊悚。

教体育的柴老师说，有一年，村里死了一位老人，亲朋好友都来送葬烧纸。有一个外村的男人动身晚了，只好抄近路走。他穿过干枯的坝子，爬上一段悬崖时，天上忽然下起了雨。他找不着躲雨的地方，只有坟塘的墓碑下可以避一避。那人急忙跑过去，刚到了那边，就听到两个男人在说话。一个男人说，听说柴小三的公公死了，天天有水饭有纸钱，走，我们去弄点回来。另一个男人说，不去。我刚去她家看了一眼，水饭没吃着，还被人家赖了一回。先前说话的那个人问，怎么赖你了？他说，她家的瓢明明掉进了水缸里，她自己没找着，还说被鬼拿去了。躲雨的男子吓得魂飞魄散，他慌忙冒雨跑到柴小三家，问，嫂子，你家的瓢是不是丢了？你捞捞看，在不在水缸里？柴小三一捞，果真在。柴老师后来很神秘地加了一句，从此村里人不敢随便骂鬼了，因为他们怕鬼听见。体育老师的脸，被煤油灯的光映照得黑亮黑亮的，那是我第一次听到鬼故事。这个故事飘飘忽忽地留存在记忆里。

村里流传最广的是"小卷毛"的故事。"小卷毛"是个漂亮的小鬼，她的坟在坟塘与海坝之间的一截缓坡上。坡的左边有几株映山红，映山红旁有一座小坟。除了本村的人，没人知道那里埋着一个十三四岁的小姑娘。这个小姑娘原本是村里最漂亮的孩子，天生有一头卷发，一双大眼睛乌黑闪亮。她有三个哥哥，所以父母对她格外疼爱，还把她拜祭给海坝边那块笔直高耸的大岩石做了干女儿，取了个小名叫"小老虎"，村里人都叫她"小卷毛"。

"小卷毛"十三四岁那年，地里的麦子熟了，她到河边捡麦子，不小心陷进海坝的淤泥里，等小伙伴叫来大人把她拖出来的时候，她已经死了。按照村里的习俗，没有结婚的女孩一般不能够葬在家族的坟地里。由于她的父母十分疼爱她，加之她长得漂亮乖巧，村民们默许她的家人用几块木板钉了一口小棺材，把她葬在离坟塘不远、映山红盛开的野地里。

跟着乳房去流浪

"小卷毛"下葬后不久,村里就常常闹鬼。有人看到她天一黑就四处转悠,有时候她手里攥着一把麦穗,有时候两手空空;有时候她会冲见到她的人笑,有时候则看不到她的表情。凡是见到她的人,回去以后准会生病。夜深的时候,人们甚至会听到她稚嫩的歌声。

诸如此类的传说很多,但我记得的已经不多了。它们让我感到恐惧。到了晚上,学校里空荡荡的,只剩下妈妈和我们四兄妹。屋外漆黑一片,没有星星,也没有月亮。寒风呼呼地吹着,从门缝里、瓦片里和麻纸糊的窗户里不停地朝我们扑来。柳树、桃树在寒风中掉光了最后一片叶子,只剩下坟塘边的沙松直愣愣地傻站着。乌鸦"呱——呱——"地在学校里到处乱飞,好像在一年级的教室旁边盘旋,又像在五年级的教室里乱撞,有时候又好像飞到了后面的坟塘。在呼啸的寒风中,房顶上有猫急速掠过,我总感觉那一闪而过的是鬼,不是猫。有一回,正在一边洗脚一边打瞌睡的我吓得把洗脚盆踢翻了,腿碰到了火炉上,烫伤了。时至今日,如果仔细看,还能隐隐约约地看到我的小腿上有一小块疤。

因为害怕,我们都不敢离开妈妈,总是坐在火炉旁,守着妈妈改作业。那时候没有电,家家用的都是煤油灯,火苗忽闪忽闪的,摇曳不定。哥哥在一旁写作业,我和姐姐坐在铁皮炉子边烤火。昏昏欲睡的我不住地打着盹,姐姐向妈妈告状:"妈,你看老三,又打盹了。"妈妈说:"你快带她洗洗睡吧。"

我们都不睡,不是我们不听话,是里屋黑得让人害怕,妈妈不睡,我们是不敢睡的。

后来,家里也曾发生过一些奇奇怪怪的事情。

一天半夜,我们都睡了,妈妈把灯端到里屋,正在批改作业,却听见外屋传来一阵打斗声。"乒乒乓乓",听上去家里的凳子、桌子,还有那些盆盆罐罐全被打碎了。惊醒后,我们紧紧地挤在一起,瞪

2017年2月15日　星期三

着妈妈不敢吭声。外面的打斗更激烈了,其中一个似乎一下子被推了过来,狠狠地撞到里屋的门上,门裂开了一条大缝。打斗声戛然而止,整个学校死一般寂静。我扑进妈妈怀里,全家人一夜不敢合眼,一直等到天亮。

后来,陆老师来了,敲我家的门,我们才急忙穿衣起来。到外屋一看,根本没有一丝打斗的痕迹,家里的摆设也都好好的。

大家面面相觑,谁也不说话,心里的恐惧却加深了。

学校背后的那片坟塘面积很大,很空旷。一年四季除了冬天,地上的草绿油油的,比其他任何地方的草都长得茂盛。草地上开满了各种颜色的野花,周围有很多沙松树。即使刚下过雨,在坟塘里玩也不会把鞋子弄脏。所以,那里是学生们的游乐场。

一天放学后,几个女生跑到那里玩"搂小賓"的游戏。一个人蒙着眼睛,手里捧着一捧泥巴,上面插一根小棍子,另一个人牵着她转三圈,把她手上的泥巴和棍子丢掉,再牵着她绕三圈,然后解开她眼睛上的布,让她去找那根棍子,找到的算赢,找不到的算输。可当她眼睛上的布被解开时,她忽然发了疯一般,使劲挣扎着,边哭边骂:"不要拉我,我不去,我不去。我不认得你,你走开……"跟她一起玩游戏的几个小姑娘吓坏了,赶紧把她送到我家。我妈叫来她爹,把她背回家去了。

过了几天,她才来上学。我把她拉到一个角落,悄悄地问她那天发生了什么事。她说,她记得自己来到一所新盖的房子前面,有一个不认识的人非要拉她进门,她不去,一直在反抗,想要挣脱那个人的手,但是怎么也挣不脱。幸好来了一个人,好像是她家的一个亲戚,那个人打了她一巴掌,骂道,你跑到这里来干什么?还不快死回去。她这才被同学拉了回来。回到家跟她妈说起那个亲戚的长相,她妈说那人是她的一个远房表叔,死了好几年了。

跟着乳房去流浪

这件事发生以后,我们再也不敢去坟塘玩了。

让我们彻底崩溃的事情还在后面。一天黄昏,生病的姐姐忽然坐在家门口大叫起来:"妈妈,有个背着娃娃的女人在扯学校的柳条。"妈妈冲出门来,什么也没看到。姐姐还在说:"你看你看,她够不着还把脚尖跷了起来。"我妈问:"在哪儿?"姐姐说:"从五年级教室旁边跑进坟塘了。"妈妈跑到坟塘,一个人也没有。再后来,还不会说话的弟弟每天晚上一到半夜,总会哭醒几次,就像被人掐醒一样。

刚开始的时候,妈妈表现得相当镇定,慢慢地,她也害怕起来,不得不跟学校的其他老师说明情况。后来,学校决定腾出一间宿舍,由男老师们轮流值班,住在学校,每周一换。

可是,我们仍然害怕。村里小石锁的奶奶请来一个司娘婆(巫婆),在我家作法。只见她手里拿着个鸡蛋,从屋里走到屋外,嘴里念念有词。她先是用松柏枝和溪水里的鹅卵石打醋碳,又用桃枝削了几个木楔子,钉在房屋四周。

她说,夜晚在我家外屋打架的是我死去的奶奶和我们的一个远房亲戚(也死了)。那个亲戚来到我家,不知怎么的,惹奶奶生气了,奶奶便用拐棍打她,要赶她出门,结果两人就打起来了。至于弟弟半夜啼哭,是因为他的床底下有一座坟,坟里的鬼嫌有人睡在他上面,不高兴了就掐弟弟一下。而姐姐看见的本来就是鬼,闲着没事扯柳条玩呢。她让我们准备了好酒好菜,还有很多纸钱,在学校旁边的苞谷地里烧了,叫那些鬼魂要钱的来拿钱,要酒的来喝酒,想吃饭的来吃饭。她还恶狠狠地骂道:"你们一天到晚老捣乱,是要把老师都撵走?是要让村里的娃娃都当睁眼瞎,一个字也认不得,一辈子像我们一样,连个工分都记不来?"

也怪,从那以后,学校平平静静的,再也没有闹过鬼;但天黑

2017年2月15日 星期三

以后,我们还是不敢去外面玩。

后来我长大了,每每想起这些事,就会对那些讲故事的人油然而生敬佩之情。不知道为什么,我总觉得他们讲述的那些鬼故事,给我贫乏枯燥的乡村记忆抹上了一层生动神奇的色彩。

从此以后,我不敢小看来自村里的任何一个人。在我眼里,他们中每一个普普通通的人,都具有一种神秘的力量。我越发听话了,嘴也变得更甜了,远远地看见他们,就开始叫爷爷、奶奶、大爹、大妈、小叔、三婶……有时候顽皮,跟姐姐因为抢被子而打闹起来,只要妈妈说"盖好被子好好睡觉,再闹'小卷毛'就来找你了",我立马吓得钻进被子。那个时候的我,特别听话,比谁都乖。

也许正是从那时候起,我对生命、对自然、对村里所有的人,都充满一种深深的敬畏。

飞机降落时,我迷迷糊糊地想,我为什么会突然想起这些鬼故事?

我承认,因为化疗和放疗,我变丑了。这件事,让我很沮丧。我在想,一个人变丑了,活着还有意义吗?丑陋地活着和美丽地死去,哪一个更让人难以接受?我想起同样得这个病的陈晓旭,有点理解她了。她塑造的林黛玉那美好忧郁的形象是永恒的,即便她已经死了,出现在我记忆中的还是那美好的样子,挥之不去的还是那淡淡的哀愁浅浅的笑,而不是秃着头、男不男、女不女的模样。

花谢了还会开,人变丑了就很难再恢复。对于每一个人来说,无法抵达的不是明天,而是昨天。在这个花开满枝的春天,童年时听到的那些鬼故事,成了我忧伤心境的真实写照。

2017年2月16日　星期四

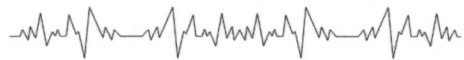

　　今天是一个忙碌的日子。

　　早上4点多就起床了，因为我们得赶到北京医保全新大药房安定门店，领中国癌症基金会援助的靶向治疗药——赫赛汀。如果不是打听到要提早过来排队，估计我6点多才会过来。药店的人提醒我们说，必须早早地过来，六七点就太晚了。既然这样，我们干脆4点多就过来了。

　　到了店门口一看，已经有人在排队了，还有人在车里等。早上6点，工作人员过来开门，我排在第三个。叫号机打开，一按，我却是111号。这才发现可以远程叫号，直骂自己太笨。

　　这个时候，等待领药的人已经坐满了小小的屋子。幸好还有这么一间屋子可以遮风避寒，否则我都想象不出，几百号病人在如此寒冷的北京会冻成什么样。

　　上午9点，开始领药了。按照叫号机排出的顺序依次进行，大家都很守规矩，无人插队。我和女儿在门边坐着，跟等候领药的人聊天，了解一些注意事项。她们告诉我，要先签一份产品保存知情同意书，因为这种药很娇贵，需要用冰袋保存。她们说，只要到药店的收银台交200元押金，领药的时候，给工作人员看看押金条，就能一并领到装有冰块的泡沫箱和专用冰袋。

2017年2月16日 星期四

　　工作人员发放药品的速度很快,基本上是一分钟叫一个号。我算了一下,轮到我的时候怎么也得10点多了,再赶到部队医院去打针,医生早就下班了。这么一想,觉得时间紧迫,赶紧让女儿打车去部队医院挂号。

　　女儿回来后,又去复印身份证。快叫到100号了,我悬着的心落了下来。挂号要身份证,领药也要身份证,我一直担心女儿赶不回来。终于叫到我了,我和女儿挤到工作人员的办公桌前,交了6个赫赛汀的空瓶空盒,又转到另一张办公桌前递上资料请工作人员审核,最后进里屋领药。

　　工作人员撕去一份知情同意书,连同身份证复印件装订在一起,交给另一个人审核,再到另外的工作人员那里签字、领药、装袋。

　　提着赠药出来,已经10点半了,我赶紧给我的主管医生打电话,他让我们马上赶过去。

　　下午2:30,女儿快速地到收费处排队、买针头、领药,等我把诺雷得输完,输赫赛汀的时候,她又去找邮政局,把转诊申请书快递出去。女儿回到日间病房的时候,我的赫赛汀也快输完了。

　　我们打车回到药店,想把装赫赛汀的泡沫箱子和冰袋还回去,要回我们的200元押金。不巧的是,赫赛汀患者援助办公室的工作人员已经下班了。药店的人告诉我们,必须等援助办的人签了字才能退还押金,让我们下周四再来签字。为了这200元,我要从云南再飞一次北京,或者在北京住上一个星期,怎么可能?好吧,这200元押金我不要了。

　　尽管损失了200元押金,但是一整天,我都在心里无数次地默默感谢着中国癌症基金会。在他们的帮助下,我后续的靶向治疗药有着落了,医药费也从昂贵得吓人变得可以承受了。

2017年3月1日　星期三

紫叶李的花落了,它像个性急的少女,一夜之间把埋藏了一个冬天的心事吐露得干干净净。迎春花开得正好,黄色的小花密密麻麻,躲在枝蔓上,欣喜地打量着这个世界。勤快的桃花稀稀疏疏地开了,像刚从睡梦中惊醒,在阳光的照耀下,羞红了脸。

再过几天,该是粉色的海洋了。桃花过后,樱花会紧紧跟上,簇拥在枝头,指指点点,谈论着这个春天,谈论着向东流去的春水,还有在春风里走过的人群。海棠花也俏生生地开了起来,清丽中有些单薄,春风一吹,花瓣就飘飘洒洒,地上、水里到处都是。

春天真的来了。

将暮未暮,夕阳缓缓下落,在山顶的时候停了一下,河面上洒满五彩的霞光,晚风拂来,波光粼粼,就像无数条金色的鱼儿把河水染红一样。

下雨了,雨不算大,依然将枝头的花瓣打落许多,地上凋落的花瓣,就像曾经炽热的心,碎成一片一片。不忍去扫,不想让破碎的心经历过风雨飘摇之后,又遭受扫帚的欺凌。就让它慢慢褪色、干枯,最后变成一粒尘土,回到尘土里去吧。

或许,这是它最好的归宿。

"尘归尘,土归土,让往生者安宁,让在世者重获解脱。"

2017年3月13日　星期一

今天去省城领药。

转院申请终于批下来了。赫赛汀的赠药也转到了昆明,总算不用老往千里之外的北京跑了。

靶向治疗也转到了云南省肿瘤医院,踏进医院的大门,心里百感交集,颇不平静。可是时间容不得我多想,更容不得我嗟叹,我必须在下班前找到乳腺科主任,没有他的签字,我领不到中国癌症基金会的赠药。

主任不在办公室,问科里的医生,说主任到胸外科参加会诊去了。我和丈夫赶到胸外科,会诊还没有结束。丈夫给主任打电话,他马上出来帮我们签了字,告诉我们到十二诊疗室盖章。

盖完章出来,抬头一看,日已偏西,已经是下午了。接下来我要做的就是领药,回医院打针。领药、打针,打针、领药……

2017年3月14日　星期二

　　拿着昨天在云南省肿瘤医院办好的批条，今天要去领赫赛汀，领到后回肿瘤医院打针。

　　领药的地点不是很好找，我们把车停在宾馆，打了个车过去，转了两圈才找到。

　　好不容易叫到我的名字，领药的时候又遇到了麻烦。工作人员说，必须有治疗方案，方案上还得有主治医生的签字。丈夫又忙着打车回肿瘤医院取治疗方案。

　　终于领到药了，我们马不停蹄地赶回云南省肿瘤医院，医院的人说，上午先给住院的病人输液，门诊的病人需要等待。

　　我们无可奈何，只好出去等。下午2：30回到医院，终于输上了赫赛汀。

　　晚上匆匆忙忙往家赶的时候，我忽然觉得很困，就那么迷迷糊糊地睡着了。

2017年3月16日　星期六

又来北京了,这次是来复查的。

住的地方离明长城遗址公园不远,吃过晚饭正好可以去那里散步。

明长城可真老,一砖一瓦看起来都很古老,老槐树也老,在夜风里静静地俯视着地上的青砖、绿草,还有从砖上走过的我们。

展示牌上说,这里正在举办第×届梅花节。梅花还在打骨朵,一点要开的迹象都没有。我不禁笑北京人这梅花节是怎么办的。朋友说,北京的春天短,刮一阵风,春天就到了,花就开了。

天气预报发布夜间大风蓝色预警,果然大风"呼呼呼"地刮了一夜,第二天起床一看,雾霾散了,天也蓝了。气温依然很低,正午才1℃左右,羽绒服是离不了的。

一趟一趟往医院跑,终究没抽出时间去明长城遗址公园,不知道梅花开了没有。心中甚是惦记。

出院以后,订了中午回云南的机票,早上有一点空闲,就去了念念不忘的明长城遗址公园。梅花果然开了,就那么几朵,大多数还静静地安睡在花衣里。人倒是多了起来,背着相机、举着手机对着那几朵红梅翻来覆去地拍个不停。

忽然对北京人有点同情。

跟着 乳房 去流浪

云南的梅花早在年末岁初就已经开过,现在已经是姹紫嫣红、百花竞放的时节了。油菜花不说,玉兰、杏花、李花已经谢了,海棠、桃花、梨花、樱花正在盛开。更别说迎春花、木瓜花了。杜鹃花就像人们随手撒下的彩纸,红的、白的、粉的,飘满了山间。三月的云南,到处都是花,生机勃勃地你追我赶,全都绽放出美丽的容颜。

可是,北京还是冬天的样子。春天还躲在花骨朵里,任凭人们怎么热切地期盼,就是不来。梅花展估计要延期了,从一朵花两朵花,到眼巴巴地盼到花开满枝,怕是还有一段日子。问题是,梅花一开,柳絮杨花又要纷飞肆虐了。

虽然我也想看看北京的梅花,但是复查一结束,还是急忙往家赶。家乡的花儿正在如火如荼地盛开,还有清新的空气、新鲜的蔬菜在等着我呢。

至于梅花嘛,就等我看了杜鹃、牡丹、芍药、玫瑰、荷花、菊花之后再看吧,反正家乡到处都有,随处可见,高兴的时候还可以跟小区的园丁要几枝插在书房的花瓶里。

北京的梅花,就留在记忆中的北京吧。

2017年3月26日　星期日

  太阳懒懒地从云层里钻了出来，像是刚被妈妈从被窝里揪起来，十分不情愿地露了一下脸，又跑回了云层。气温骤然升高，好像好客的母亲愧疚于太阳的敷衍，变得异常客气，脸上堆满了笑容。风也"呼呼呼呼"地前来凑热闹，连日的阴冷一下子散去了。

  花开了，翠峰路中间的绿化带上忽然伸出许多粉色的树枝，大部分的花掩映在绿树丛中，妩媚而多情。高速公路口的白玉兰、紫玉兰争先恐后地拉扯着身上的外衣，探头探脑地东张西望。梅花还未凋谢，海棠、桃花、李花又相继赶来，舒展着曼妙的身姿，睁开惺忪的睡眼，等待着春风轻抚它们的笑脸。

  窝在家里的我开始蠢蠢欲动，只想脱下棉衣跑到空旷的田野，看一树树的花怎样开放，看一片片土地如何苏醒。

2017年4月16日　星期二

已经是第九次做靶向治疗了，胜利离我越来越近。

与中国癌症基金会预约的领赠药的时间是上午10点。早早起来，从曲靖往昆明赶，赶到的时候，时间正合适。刚坐下两分钟就叫到我的名字。交包含治疗方案在内的各种资料，填表，签字，本以为是办得最轻松的一次，结果，又出了岔子——早上走得急，忘记带装赫赛汀的专用包了。

工作人员一脸秋霜，我们请求重新借一个，对方不同意，硬说没有多余的。左说右说，对方的态度总算有所松动，我们赶紧交了30块钱，借用了一个简易的，总算拿到了药水。

到达肿瘤医院的时候有点晚了，护士忙得不行，我们又是挂号，又是请值班医生开处方，又是领取包括治疗方案在内的各种资料，然后是交费、拿输液的辅助材料，丈夫心急火燎地跑了几趟才把事情办妥。

扎针的时候，小护士使劲捏着我的输液管，疼得我倒吸了一口冷气。她慌了，扎了四针都没有回血。我实在忍不住了，眼泪一颗颗往下掉。她急了，问我，能忍住吗？我含着眼泪说，还行吧，跟做手术相比，不算什么。她一边道歉一边自言自语，怎么回事，上次没这么难扎，我上次也是这么扎的啊。我说，不行就扎静脉吧，

2017年4月16日 星期二

实在太疼了。丈夫也说,扎手吧。小护士又叫了一个人进来帮忙扎,终于有回血了。我拿出纸巾擦去眼泪,跟丈夫说,算了,还是把输液管取了吧,她们真的扎得少,不熟练。

终于做完第九次靶向治疗了,再有五次就结束了。下一阶段就该进行内分泌治疗了。

这一年多的时间,是在不停的辗转奔波中度过的。我失去了左乳,掉光了头发,长出满脸的黑斑和汗毛,彻彻底底变成了一个丑陋的人。但不管怎么说,我还活着。花了这么多钱,受了这么多罪,就为了多活几年,为了孩子有个妈,丑不丑,漂亮不漂亮,无所谓了。

跟着乳房去流浪

2017年5月8日　星期一

丈夫忙，表姐陪我坐火车到昆明打靶向药水。

好久没坐火车了，我倚在窗前，好奇地看着窗外的风景。火车在冰冷的铁轨上疾驶，两旁的电线杆张牙舞爪地向我们扑来，让人情不自禁地想往后躲闪。一排排小房子排着队，像在接受检阅。

偶尔旁边的铁轨上有火车迎面呼啸而来，呼啸而去，像是在追赶向后退去的树木和房屋。车厢里很是热闹。后排的四个男人在打牌，坐庄的那个人正在扣底，甩牌的声音干脆利落，一听就知道拿了一手好牌。他的身后站着两个看客，笑嘻嘻地指点着，观牌不语的君子之风荡然无存。有个大妈在旁若无人地打电话，语气欢喜，声调高亢，偶尔会流露出与她年龄不符的造作之态，一看就知道在跟宝贝孙子说话，不停地答应着孩子的要求。对面坐着一老一小两个男人，不说话，一上车就闭上眼睛昏昏沉沉地打盹，像是多年的重担一旦卸下，就累得不行，连眼皮都懒得抬一下。

我静静地观看着小小车厢里的众生百态。人世间的人和事，原来这般鲜活有趣。

2017年9月25日　星期一

明天是最后一次靶向治疗了。

下午3点左右，忽然接到个电话，说我的赠药已经出组了。我问什么叫出组，她说就是不再享受赠药了，让我跟癌症基金会联系。丈夫马上与癌症基金会联系，工作人员告知我的赫赛汀治疗已满一年。大体算算，确实已经一年了，其实我才享受了七次赠药。

工作人员说，按照规定，不管我总共享受了七次还是八次，只要时间满一年就不能再享受赠药了。医生的方案是八次。不放心，又打电话给主治医生。他说，如果满一年就不用再打，不到一年就得自己掏钱再打一针。

一针可是24500元！这一次，我很果断，跟丈夫说，不打了，满一年了。其实我也记不准，记忆力随着全麻和化疗等一系列的治疗日益减退，连当天发生的事我都不一定能记住，又哪里记得清这些。

不管怎么说，靶向治疗结束了。接下来就是打5年的诺雷得针剂，28天一次。长期口服阿那曲唑，每天一次。如果我能坚持5年，我存活的概率很大。目前看来，我的情况还是相当乐观的。我觉得我没有问题，一定能坚持下去。至于这一针赫赛汀，不打也罢。防止转移、复发，也不在乎这一针两针了。

跟着乳房去流浪

我已经完成五种治疗方案中的四种。每完成一种治疗方案,我的信心就会增长几分。我相信,老天一定会眷顾我,让我好好活下去。

2017年12月3日　星期一

中午，太阳露了下脸，气温随之升高。吃过晚饭，我计划出去走走。

好几天没有出门，怕冷、怕病、懒。气温回升，借口也就没有了。我戴上帽子，穿上大衣，腿仍能感到一丝寒冷。风虽然不大，然而楼与楼之间形成了一个风道，把风吸了进来。我加快步伐，逃离风道，眼前顿时开阔起来。天不算黑，十来步一盏路灯，足以照亮前方的路。有树的地方就有落叶。叶子刚凋落不久，脚踩在上面，软软的。

远处的天空被霓虹灯映照得微微发黄发亮。热闹的地方，往往如白昼般明亮。

小区里没有人锻炼，整条路上只有我踽踽独行。我不觉得寂寞，也不害怕。我望着钢筋水泥丛林里的那些窗户。每扇窗户里都有一片温暖的灯光，或许还有"家人闲坐，灯火可亲"的温馨吧。

一个人的夜有些冷。思绪胡乱飘着，就像这夜里的风，凭着自己的喜好，爱吹向哪儿就吹向哪儿。在我的胡思乱想中，夜渐渐深了。我一圈一圈地转着、走着，根本记不清走了几圈。也没有必要刻意去记，打开手机，各种数据显示得一清二楚，走够一万步了，我也该回家了。

两年了，走路是我唯一的锻炼方式。只要不下雨，不冷得让人害怕感冒，我都会坚持。虽然体重一点没有减少，穿不上的衣服依然穿不上，但我还在坚持。

胖瘦美丑似乎没有资格再谈，活着成了唯一的奢求。

看着三年前的照片，我还是无法原谅自己。人怎么可以胖得如此惨不忍睹？衰老怎么可以来得这么早？偶尔遇到故人，不知内情，直率地对我说，你胖多了。我没有解释，只报之以微笑。心里泛起点点波澜，丑是一件不能原谅的事啊。

有人建议我去健身。不行，左手不能用力。有人建议我少吃，也不行，身体需要营养。唯一的办法就是走路。晚饭吃七分饱，尽量不吃肉，依然没有效果。身上的赘肉就像工资，涨上去，要下来就难了。倒是头发，掉光后又长了出来。只是发质变了，柔软得像婴儿的头发，还成了卷发，三天不洗，就弯弯曲曲地贴在头皮上，看上去又脏又乱。长得也慢，让人好生别扭。看来长发飘飘的梦，不知猴年马月才能实现了。

好在我依然满怀希望。大地在，山河在，家人在，朋友在，还有比这更好的岁月吗？感谢家人和朋友，他们没有嫌弃我，待我如初。

胖也好，丑也罢，似乎都不重要了。重要的是，太阳每天都是新的。"人间有苍茫，天地有晨光"。

2017年12月7日　星期四

　　今天的节令是大雪，但在云南是看不到雪的。
　　一整天，太阳都很好，明晃晃地从玻璃窗斜射进来，照在桌上。桌上的玫瑰开始凋谢，花瓣一瓣一瓣落下，没有一点声响。阳光穿过花瓣，有一丝淡淡的清香。我目不转睛地盯着它，想起朋友小说里的一句话"俱都是，花的魂"，继而想起小说里的那段故事，忽然想落泪。
　　一周了，天天躲在书房，竟然忘记给花换水。捧着花瓶来到水池边，有几朵花已经死了，无法挽救。花瓣从花托的地方开始枯萎，颜色焦黄，用手轻轻一碰，花瓣瞬间脱离花茎，让人感到猝不及防。我呆呆的，有点惊慌，有点惆怅，总觉得这样美丽的东西，不该消逝得那么快、那么急。
　　到底是冬天了，花变得无比娇弱。
　　换水的时候，总觉得扰了它们的清梦。其实它们依然在开，只是被早晚的寒气所侵，显得无精打采。这样的冷我能感受到，花自然更能感受到。精气神没了，经受不住一丝外力，微微的清风，轻轻的触碰，都足以使它们凋零。
　　花价也涨了，以前 10 块钱就能买到的花，现在要 40 元。我再也不舍得一捧一捧地往家抱，偶尔渴望得要命，忍不住又往花店跑。

跟着乳房去流浪

卖花的老板早就摸透了我的脾气，从来不给我讲价的机会。她根本不拐弯抹角，一见到我就毫不客气地说："花价涨了，花少了。"我只好闭上嘴，不说话，把最喜欢的那束花拿在手里，打道回府。

政府为整治市容市貌，关闭了卖花的夜市，便宜的花也就没有了身影。偶尔在农贸市场看到有人在卖花，但是花的品种、价格、质量，都没法跟从前相比。踌躇良久，还是得回到花店，高价买店里的花。

把花插好，一定要拍几张颇具文艺范儿的美图，在朋友圈晒。晒来晒去，便聚集了一帮同样爱花的人，相互打听在哪儿买的花、什么花、有什么习性，彼此传递花的消息。一来二去，从未谋面的人好像也熟络起来。真有一种"四海之内皆兄弟"的感觉。晒花的时候，我感觉自己幸福得像花儿一样。

我不再为落花而伤感。花谢花会开，春去春会来。春风一吹，满山遍野的鲜花又会竞相开放，花店里卖的花自然也不会那么昂贵了。

我好像已经看到满山的桃红李白。

桃花开的时候，我应该采摘几枝才对。忽然庆幸自己有花草可摘，桃花、梨花、豆金娘、芦苇、茅草，都可以采来插到瓶中。还有满地的菊花，多得采不过来。

入夜时分，天气骤变，冷雨簌簌而落。按照节令，今天是大雪，大自然总该有所表示。这样凄冷的冬夜，我的梦里却开满鲜花。

每一天都是花开的日子，这是我向往的生活。

补记
2017年12中旬—12月底，阳光灿烂

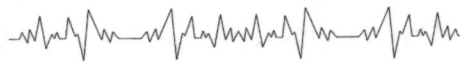

治疗全部结束后，我去了一趟柬埔寨，旅游、散心。

想去吴哥，是七年前萌生的愿望，或者说是我一直以来的愿望。我喜欢一切古老、陈旧的东西，喜欢斑驳的光影和失落的文明。我觉得吴哥的破败斑驳、腐朽沉寂，可以消弭我心里的忧伤。

在吴哥所有的寺庙中，崩密列是唯一没有被修缮过的地方。据说，美国有过援建意向，实地考察后放弃了。想必是破损严重，耗资巨大吧。20世纪70年代，这里是红色高棉最后盘踞的据点，从飞机上根本无法看到藏身在莽莽丛林里的部队。那么，这些断裂的石柱、坍塌的墙壁，不仅饱经岁月的侵蚀，而且饱经战火的蹂躏，曾遭到飞机的狂轰烂炸和枪林弹雨的摧残。

站在崩密列的门洞前，忧伤扑面而来。那是一个乱石遮掩的门洞，我甚至无法窥探门洞里面的风景，只见一束绿光从洞口透出。

踏着细碎的阳光，走在崩密列的栈道上，我分明看到一种无论如何都想象不出的破败与残缺。所到之处，或者说目光所及，都是断裂的石柱、散乱的石块、顽强的古木、疯长的杂草和厚厚的青苔。

崩密列建造于11世纪末至12世纪初，即苏利耶跋摩二世时期，距今已有800多年的历史。在时间的冲刷下，在历次战争的破坏下，昔日的神庙成为一片废墟。只有树木与它相伴相依，同枯同荣。一

跟着乳房去流浪

棵棵大树以一种近乎惨烈的姿势，伸出老妪般枯瘦的手指，紧紧嵌进崩密列的每一个缝隙，让自己与崩密列长在一起，生死相依，不离不弃。有人说，它们动摇了神庙的根基；也有人说，它们稳固了摇摇欲坠的神庙。

在我眼里，崩密列不像是座神庙，更像是一座被遗弃的城池。虽然它的规模和风格与小吴哥相似，也有过宽阔的护城河，但此时此刻，它安静地隐藏于密林中，除了那些长满青苔的残破的石雕，几乎看不到宗教的影子。藏经阁也破败得不成样子，废弃的长方形巨石到处都是。与吴哥的其他景点相比，崩密列是一处幽静的所在。那些枝蔓缠绕在一起的大树，见缝就钻，见土就长，将根深深扎进塔顶、钻进墙壁。阳光被树木剪碎，散落在断壁残垣上，使得这座

2017年12中旬—12月底,阳光灿烂

古老的寺庙在炎炎夏日依然带给人们一丝清凉。

或许就是这份清凉,让我不再惶惶如丧家之犬。就像眼前的崩密列,尽管满目疮痍,却没有哀怨,只有隐忍和沉默。在沉默中,把属于自己的命运承担。游人可以在断壁残垣间攀爬跳跃,可以在伤痕累累的回廊残石上来回走动。树在生,庙在败。蓬蓬勃勃的生,终于掩盖了悄无声息的败。树用根须、枝蔓箍紧了庙的墙体、回廊,让这座庙成为废墟,却永远不死。

崩密列是静谧的,能让一切躁动的心获得安宁。崩密列是包容的,既包容树的任性和猖狂,也包容千年的风雨。崩密列是无奈的,它留不住曾经供奉的湿婆神,也无法护佑他的子民免遭涂炭。崩密列是忧伤的,当繁华不再,辉煌远去,只留下一片狼藉。

崩密列既给我以强烈的震撼,也带给我无尽的遐思。"有始者必有终,有存者必有亡",我想,死是终究会来到的,只是早一点、晚一点的问题;破败也是不可避免的,只是程度不同而已。生生死死没有穷尽,辉煌破败永远在交替。不可一世的吴哥王朝,疆土曾经包括整个柬埔寨,部分泰国、老挝、缅甸及越南,当时可谓国泰民安、丰衣足食,却在暹罗素可泰王朝入侵时,国王弃城而逃,举国迁都。正所谓:繁华落尽一场空,青山依旧笑春风。

很多时候,我们辛苦恣睢地活着,认为死亡很遥远。尽管对失去亲人的人,我们会报以同情,却无法真切地感受他们的痛。如果说在滚滚红尘之中,还有什么让我心动和牵挂的,那便是情了。我还没有超脱到"断有情"的境界。我想在母亲膝下尽孝,我想看着女儿穿上婚纱,我想感激所有帮助过我的人,我想对兄弟姐妹多一点照顾……然而,我深深地知道,这一切都必须依附于生命,生命不存,情又何在?

崩密列的神灵或许就附着在这些如蛛丝一般缠绕着它的大树

上，如凉风一样散落在林中的点点光影里，护佑着这些树、这些草、这些断壁在繁华中落幕，在衰败中重生。

欧阳修在《唐华阳颂》里写道："死生，天地之常理，畏者不可以苟免，贪者不可以苟得也。"既然死与生是不可抗拒的自然法则，怕死的人不能侥幸地逃脱一死，贪生的人也不能侥幸地永生，不如不痴不惑，不忧不惧，"何必生之为乐，死之为悲"！

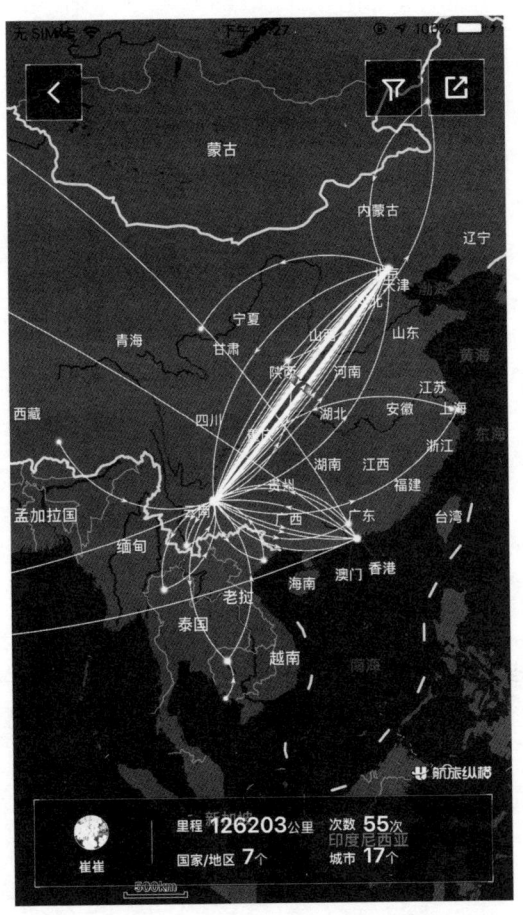

漫漫求医路